A ESCATOLOGIA DO AMOR

Dados Internacionais de Catalogação na Publicação (CIP)
(Câmara Brasileira do Livro, SP, Brasil)

Cunha, Rogério Guimarães de Almeida
  A escatologia do amor : a esperança na compreensão trinitária de Deus em Jürgen Moltmann / Rogério Guimarães de Almeida Cunha; sob a coordenação de Waldecir Gonzaga. – Petrópolis, RJ : Editora Vozes ; Rio de Janeiro : Editora PUC, 2020. – (Série Teologia PUC-Rio)

  Bibliografia.

  2ª reimpressão, 2024.

  ISBN 978-65-5713-036-0 (Vozes)
  ISBN 978-65-991801-9-4 (PUC-Rio)

  1. Escatologia 2. Esperança – Aspectos religiosos – Cristianismo 3. Moltmann, Jürgen, 1926- 4. Reino de Deus – Doutrina bíblica 5. Teologia 6. Teologia da libertação I. Título II. Série.

20-47271   CDD-234.25

Índices para catálogo sistemático:
1. Esperança : Teologia sistemática : Cristianismo
234.25

Maria Alice Ferreira – Bibliotecária – CRB-8/7964

Rogério Guimarães de A. Cunha

A ESCATOLOGIA DO AMOR
A esperança na compreensão trinitária de Deus em Jürgen Moltmann

SÉRIE **TEOLOGIA PUC-RIO**

© 2020, Editora Vozes Ltda.
Rua Frei Luís, 100
25689-900 Petrópolis, RJ
www.vozes.com.br
Brasil

©Editora PUC-Rio
Rua Marquês de S. Vicente, 225
Casa da Editora PUC-Rio
Gávea – Rio de Janeiro – RJ
CEP 22451-900
T 55 21 3527-1760/1838
edpucrio@puc-rio.br
www.puc-rio.br/editorapucrio

Todos os direitos reservados. Nenhuma parte desta obra poderá ser reproduzida ou transmitida por qualquer forma e/ou quaisquer meios (eletrônico ou mecânico, incluindo fotocópia e gravação) ou arquivada em qualquer sistema ou banco de dados sem permissão escrita da editora.

Conselho editorial

Diretor
Volney J. Berkenbrock

Editores
Aline dos Santos Carneiro
Edrian Josué Pasini
Marilac Loraine Oleniki
Welder Lancieri Marchini

Conselheiros
Elói Dionísio Piva
Francisco Morás
Gilberto Gonçalves Garcia
Ludovico Garmus
Teobaldo Heidemann

Secretário executivo
Leonardo A.R.T. dos Santos

Produção editorial

Aline L.R. de Barros
Marcelo Telles
Mirela de Oliveira
Otaviano M. Cunha
Rafael de Oliveira
Samuel Rezende
Vanessa Luz
Verônica M. Guedes

Conselho de projetos editoriais
Isabelle Theodora R.S. Martins
Luísa Ramos M. Lorenzi
Natália França
Priscilla A.F. Alves

Coordenação da série: Waldecir Gonzaga
Editoração: Programa de pós-graduação em Teologia (PUC-Rio)
Diagramação: Raquel Nascimento
Revisão gráfica: Alessandra Karl
Capa: WM design

ISBN 978-65-5713-036-0 (Vozes)
ISBN 978-65-991801-9-4 (PUC-Rio)

Este livro foi composto e impresso pela Editora Vozes Ltda.

Ao meu sobrinho Roger e aos afilhados João Mário, João Emanuel, Gabriel, Felipe, Letícia, Ítalo, Higor, Harthur, Heitor, Lorenzo, Thalles José e Matheus. A esperança que brota do amor de Deus inspire suas escolhas e caminhadas.

Agradecimentos

À Trindade, comunhão amorosa que sustenta meu caminhar como esperança a serviço do seu povo.

Aos meus pais Leopoldo e Solange, e aos meus irmãos Leonardo e Maira, e aos demais familiares pelo apoio, amor e vivência da fé.

Aos meus amigos, esta grande família que o dom da amizade me permite constituir. Vocês me ajudam a ser dom para todos. Minha gratidão particular aos amigos Margareth Oliveira Kuster e Luiz Carlos Figueiredo. Às amigas e colegas de grupo de pesquisas Bia Gross e Lucíola Tisi.

Ao meu orientador, Prof. Dr. Cesar Kuzma, pela amizade, apoio, pelo seu teologizar como serviço ao povo de Deus que me inspira a seguir este impulso e pelas indicações que me provocavam a seguir em frente. Grato pela esperança compartilhada.

A Dom Dario Campos, OFM, meu então Bispo Diocesano, pela humanidade, amizade, incentivo e apoio para um serviço qualificado ao povo de Deus.

Aos padres Antônio Tatagiba Vimercat, Pedro Félix Bassini, Dalton Menezes Penedo, Marco Antônio Shwan, e aos meus colegas de turma, Gelson de Souza, Juliano Ribeiro Almeida e Luciano Vial Orcino. Trazendo-os à memória e ao coração, agradeço ao presbitério de Cachoeiro de Itapemirim, ao qual pertenço, pela torcida e apoio.

Ao diácono José Roberto Martins Lima e família, José Renato Calvi Lima e Camila Chaves Pessoa Veiga e filhas, minha gratidão pelo apoio e compreensão que, de vocês, recebi da amada Paróquia de Nossa Senhora das Neves da qual fui pároco no período do mestrado. Grato a todas as lideranças leigas de nossa paróquia que, pela sua autonomia, proporcionaram-me conciliar estudos e pastoreio.

À Comunidade Jesuíta da PUC-Rio que me acolheu em sua casa durante o período de mestrado. Desta acolhida guardo a generosidade de todos os membros e funcionários desta casa fraterna, as partilhas teológicas e a busca de cada um pela excelência no serviço.

Ao Departamento de Teologia da PUC-Rio, pela excelente qualidade no ensino e pesquisa teológica, da parte dos professores e funcionários deste Departamento, bem como no investimento dispensado a essa área do conhecimento pela concessão de bolsas de isenção de taxas. Grato pela oportunidade de interagir com professores que nos lançam ao horizonte sempre mais abrangente da teologia em diálogo com os outros saberes. Que esta excelência acadêmica e pastoral seja preservada e apoiada sempre.

Aos professores examinadores da banca, Lúcia Pedrosa de Pádua, Geraldo Luiz De Mori e Cesar Kuzma, pela leitura, indicações e provocações que me ajudarão a trilhar os caminhos da pesquisa teológica como serviço.

À Comissão de Avaliação da Série Teologia do Programa de Pós-graduação em Teologia da PUC-Rio pela seleção desta nossa pesquisa para a publicação em parceria com a Editora Vozes.

Ao CNPq pelo fomento à minha pesquisa.

Enfim, minha gratidão a todos que contribuíram para esta etapa de tantas outras que se seguirão.

Sólo le pido a Dios que el futuro no me sea indiferente, desahuciado está el que tiene que marchar a vivir una cultura diferente.

Léon Gieco

Sumário

Siglas e abreviaturas, 13

Prefácio, 15

Introdução, 19

Capítulo 1 | A pergunta sobre Deus e sobre a esperança em Jürgen Moltmann, 25

1.1. A pergunta por Deus no clamor e a busca por respostas, 27

1.2. O Deus promitente e fidedigno, 42

   1.2.1. A revelação de Deus pela via da promessa, 43

   1.2.2. A universalidade escatológica da promessa, 48

Capítulo 2 | A compreensão moltmanniana de Deus, 53

2.1. O *pathos* divino no silêncio de Deus na cruz de Cristo, 59

2.2. A cruz na perspectiva do ressuscitado, 69

Capítulo 3 | A escatologia do amor, 77

3.1. O enunciado escatológico da revelação da Trindade, 78

3.2. Vítimas e agentes do mal na perspectiva escatológica da comunhão amorosa e justificadora da Trindade, 87

3.3. A esperança não decepciona, porque é amor, 97

Conclusão, 105

Referências bibliográficas, 111

Siglas e abreviaturas

1Cor	Primeira Carta aos Coríntios
2Cor	Segunda Carta aos Coríntios
ACNUR	Agência da ONU para Refugiados
Ap	Apocalipse
At	Atos dos Apóstolos
DCE	Bento XVI. *Deus caritas est.*
DeV	João Paulo II. *Dominum et vivificantem.*
Dt	Deuteronômio
DV	Concílio Vaticano II. *Dei verbum.*
Ef	Carta aos Efésios
EG	Papa Francisco. *Evangelii gaudium.*
Ex	Êxodo
Fl	Carta aos Filipenses
Gl	Carta aos Gálatas
GS	Concílio Vaticano II. *Gaudium et spes.*
Hb	Carta aos Hebreus
Jo	João
Lc	Lucas
Mc	Marcos
Mt	Mateus
Org.	Organizador(es)
Rm	Carta aos Romanos
Sl	Salmo(s)
SS	Bento XVI. *Spe Salvi*: sobre a esperança cristã.
IHU	Instituto Humanitas Unisinos

Prefácio

A história que passa pelas páginas deste livro e o desenvolvimento teológico que nele se apresenta teve o seu início em março de 2016, quando eu estava lecionando uma disciplina de questões especiais de escatologia no Programa de Pós-Graduação em Teologia da PUC-Rio. Naquele ano, dediquei parte do meu programa de estudos para trabalhar aspectos da teologia de Jürgen Moltmann e a influência do pensamento desse autor para a escatologia contemporânea, com destaque para a abertura ecumênica e questionando, com a turma de alunos, sobre os possíveis desdobramentos desta proposta e do pensamento do autor. Havia um focar na esperança como chave escatológica, mas também uma busca por caminhar com outros autores, em especial, autores da América Latina e da Teologia da Libertação. Eu lembro que era uma turma grande e dentre os alunos presentes estava Rogério Guimarães de Almeida Cunha, que agora nos oferece este texto em forma de livro e que é o resultado de sua pesquisa, para o qual eu tenho o prazer e a alegria de contribuir com um breve prefácio. Uma honra.

Logo no início, Rogério passou a fazer parte do meu grupo de estudos/de orientandos e, juntamente com outros colegas, passou a frequentar reuniões de discussões e, nelas, o tema de sua pesquisa e seu interesse teológico foi se aprimorando e desenvolvendo. Devo dizer que nestes anos todos em que estou atuando como orientador de pós-graduação, tive a graça de ter acompanhado bons alunos e excelentes pesquisas, propostas relevantes para o debate atual e totalmente urgentes para com as chamadas da sociedade. Acredito que estas são questões que tocam a teologia atualmente e que apontam para a sua importância e abrangência dentro do espaço acadêmico, deixando-se tocar por outros horizontes e dialogando com outras faces do saber, sabendo aprofundar temas e perspectivas, ao mesmo tempo em que se faz sensível aos gritos e aspectos que nos chegam de outros espaços sociais.

Rogério se soma a este grupo que, muito além dos compromissos acadêmicos e prazos universitários, faz com que as pessoas envolvidas se tornem amigas e companheiras de caminhada, pessoas com quem podemos contar e abrir aspectos pessoais de nossas vidas, marcadas por momentos de felicidade, tristeza, angústias e esperanças. Momentos que muitas vezes são difíceis e a presença de um amigo nos ajuda a suportar. Aliás, o compartilhar sentimentos e o tomar parte no sofrimento daqueles que se tornam próximos tem tudo a ver com as páginas deste livro e com a proposta por ele delineada, pois é um assumir em nossas vidas daquilo que visualizamos da ação de Deus, que toma parte conosco e nos convida a tomar parte com ele; um *pathos*, um sofrer com o outro, um colocar-se ao lado para seguir numa caminhada que pode e deve ser alimentada pela esperança. Desta forma, a alegria por ver a publicação deste livro necessita ser descrita em três momentos: primeiro pela amizade que nós construímos, ela se faz verdadeira e é algo que gostaria de considerar e destacar aqui; depois, pelo sucesso da sua pesquisa, atestada pela premiação que recebeu da PUC-Rio e pelas referências que são feitas a este trabalho por outras pesquisas acadêmicas; e, por fim, pelo lançamento de um teólogo, pois Rogério é um teólogo jovem, pertence a uma nova geração que surge na teologia do Brasil e que acredita que pode oferecer algo que faça sentido à vida das pessoas – em âmbito eclesial/pastoral, mas também social, político e humanizador.

Por entender que o texto escrito não é algo distante da pessoa que o escreve, achei por bem expor esta relação acima, pois ajuda a evidenciar as entrelinhas e o conteúdo do que pode ser lido e observado aqui.

Para entrar em detalhes mais específicos de seu itinerário teológico e da sua proposta de trabalho que culmina com a publicação deste livro, gostaria de dizer que Rogério chegou à universidade com a ideia de trabalhar aspectos que tocavam a dimensão trinitária e, aos poucos, com o avançar da pesquisa, com a descoberta de autores e o tom que dávamos à escatologia, percebeu uma oportunidade de unir estas duas questões, articulando a compreensão de um Deus trinitário que nos chama à liberdade e que, por essa razão, se faz solidário e sente a nossa dor e sofrimento, passando a ser convidativo à sua presença, abrindo um espaço à esperança. Rogério traz para a sua pesquisa a questão do *pathos* divino e o modo como Jürgen Moltmann desenvolveu esta questão, um tema complexo para o pensar teológico e alvo de debates, mas que possibilita um caminho para tocar em outras questões essenciais e que são caras para a escatologia e urgentes para a nossa postura humana e social, como a questão do sofrimento, do mal, da solidariedade, das vítimas da sociedade e a esperança. Penso que esta é a grande proposta que ele nos apresenta, através da qual caminharam os objetivos que buscou desenvolver, descobrindo dimensões teologais que o levaram a caracterizar esta proposta de pesquisa como uma "escatologia do amor".

Este amor, que é tratado em seu texto e aparece no título de seu trabalho, discorre da compreensão trinitária de Deus e o modo como este Deus chega até nós e compartilha as nossas dores e esperanças, tocando no mais íntimo da nossa existência e nos convidando a uma vida plena e no amor com ele. O resultado de sua dissertação foi excelente por saber tocar em pontos nucleares para a teologia, mas também sensível ao que acontece ao nosso redor, que clama na sociedade e deve ser também teologizado.

Ao tratar da compreensão de Deus na história do sofrimento do mundo, e ao fazer isso pelo aprofundar do pensamento de Jürgen Moltmann, o texto nos possibilita entender o sofrimento solidário de Deus por este mundo, fundamentado pela dimensão trinitária de um Deus que é amor e no amor se entrega à sua criação, participando de sua história e a convidando para um novo espaço e outra condição em sua presença. Deus, na sua essência, é amor e é por este amor que Deus se move em direção à sua criação e de forma solidária sofre com ela. O tocar de Deus na história possibilita a fé e, desta forma, fundamenta a esperança que fortalece o existir e o resistir na história. Visto a partir da Trindade, este amor convidativo liberta, transforma e integra, caracterizando a fé cristã e sua práxis como um dado escatológico; esta é, enfim, a grande tese que nos é apresentada.

O texto tem uma boa fundamentação, uma linguagem clara, atenta às grandes questões e, objetivamente, torna-se uma grande contribuição para quem tem interesse em se debruçar sobre o tema ou pelo pensamento de Jürgen Moltmann.

Assim, gostaria de agradecer a oportunidade de escrever esta breve apresentação e com ela reforçar a amizade e a inquietação teológica por um tema tão urgente. No momento em que escrevo estas linhas, o mundo está sendo abalado por uma grande crise, se vê afetado por um novo vírus que se espalha rapidamente pelo mundo todo e por nosso país, deixando milhares de pessoas doentes e mortas. Um vírus que traz uma doença que ainda não tem cura, o que demonstra a nossa pequenez diante de algo que pode nos destruir. Um vírus invisível, mas que evidencia problemas bem visíveis em nossa sociedade. É um evento que abala o ir e o existir, abala as estruturas sociais e econômicas, e também denuncia a nossa perversidade política, quando não somos capazes de cuidar de uma casa que é comum e já não somos sensíveis ao outro que sofre, que é nosso irmão. Penso que o texto do Rogério é fundamental para este momento que estamos vivendo, pois nos fala de um amor relacional que se desprende, que se rebaixa para nos atingir, que se faz solidário e que sofre conosco, mostrando-nos um novo sinal, um novo tempo e um ressurgir na esperança.

Se a proposta deste livro é falar de uma escatologia do amor, podemos afirmar que ela nos abre os olhos para ver e acolher um Deus que é solidário e que somente desta forma pode nos salvar. Esta é a experiência da cruz, que nos ensina a maneira como Deus age e como Ele nos toca no mais íntimo de nossa existência, fazendo superar o medo, a dor e o sofrimento, nos chamando a algo a mais e que garante a razão de nossa esperança. Um Deus solidário nos convida a gestos concretos, a uma práxis correspondente, vivida na solidariedade, no compromisso e na liberdade. Esta é uma escatologia do amor.

Que este livro alimente a nossa esperança!

Cesar Kuzma
Teólogo leigo, casado e pai de dois filhos. Doutor em Teologia e professor-
-pesquisador do Departamento de Teologia da PUC-Rio.
5 de abril de 2020, início da Semana Santa.

Introdução

Este livro trata da *escatologia do amor*. Com este tema, entendemos o estudo da esperança na compreensão de Deus em Jürgen Moltmann, este Deus que no evento pascal de Cristo é revelado como Trindade, como amor que padece, liberta e transforma. Trata-se de um estudo da escatologia de Moltmann a partir de sua compreensão de Deus na história do sofrimento do mundo e na história do sofrimento solidário de Deus por este mundo. É na revelação de Deus como amor que o cristianismo encontra o sentido do seu ser no mundo como esperança, e é nesta esperança informada pelo amor que a fé cristã se abre ao diálogo com todos os saberes que postulam esperanças no horizonte da humanidade. Entendemos, com isso, que a escatologia, como disciplina teológica, ganha espaço como ponte dialogal que aponta para o futuro de Deus, não se restringindo a ser um apêndice da teologia, ou algo dispensável.

A Escatologia passou por uma profunda revisão (em grande parte devido à colaboração de Moltmann com a obra *Teologia da esperança*[1] e as obras em sequência). Sendo assim, não mais relegada a apêndice da Teologia, como o último tópico a ser estudado, mas como a tensão para o futuro existente em toda reflexão sobre Deus, sobre o ser humano, sobre a Igreja e as demais áreas do saber teológico: "toda a pregação e mensagem cristã tem uma orientação escatológica, a qual é também essencial à existência cristã e à totalidade da Igreja".[2]

Neste sentido, a escatologia não mais é referida unicamente a questões do pós-morte, no tratado dos *novíssimos*, mas avança como um agir na esperança do Reino "já e ainda não" presente no tempo, ou seja, ganha seu aspecto social. Não queremos aqui negligenciar os avanços na teologia sobre a escatologia pessoal, mas lançamos luz ao entendimento social e político da escatologia.

---

1. MOLTMANN, J., Teologia da esperança. Um breve comentário da receptividade da teologia de Moltmann pode ser lido em: PAULY, W., Teologias do século XX, p. 227-266.

2. MOLTMANN, J., Teologia da esperança, p. 2.

Voltemos a essa temática a partir de Moltmann. Apesar de as obras *Trindade e Reino de Deus* e *O Deus crucificado* terem sido publicadas depois de *Teologia da esperança*, a escatologia de Moltmann como esperança requer um conhecimento prévio de sua compreensão de Deus.

Moltmann afirma que o ponto central de sua teologia é a teologia da cruz:

> Por mais que os amigos da *Teologia da Esperança*, publicada em 1964, não a tenham notado tão claramente quanto seus críticos, eu ainda assim acredito que ela seja o ponto central do meu pensamento teológico. (...). Naquele tempo, abalados e destroçados, os sobreviventes de minha geração vinham dos campos e hospitais militares para as salas de aula. Uma teologia que não falasse do Crucificado e abandonado por Deus não teria nos tocado.[3]

Na teologia da cruz, refletida por Moltmann, temos uma compreensão de Deus que rompe as muralhas da impassividade, do imóvel e inatingível, para aquele Pai que, no Espírito, se compadece de seu Filho na cruz e, nele, com o sofrimento humano. A cruz do Cristo ressuscitado traz um enunciado de esperança e de crítica para a fé cristã. Da teologia da cruz emerge a pergunta: "Quem é Deus na cruz do Cristo abandonado por Deus?"[4] O sofrimento da humanidade encontra na cruz do Ressuscitado a plena proximidade e solidariedade de Deus, que é amor. Desta pergunta entendemos o enunciado escatológico da compreensão de Deus dela resultante, que faz da fé cristã uma fé da esperança, um saber da esperança.

O evento pascal de Cristo traz em si a definitiva revelação de Deus Trino como amor. A revelação de Deus em Jesus Cristo, especialmente em sua paixão, morte e ressurreição já é um enunciado escatológico. "Deus está pessoalmente envolvido na história da Paixão de Cristo, caso contrário a morte de Cristo não poderia produzir nenhum efeito redentor".[5] O nexo escatológico da revelação da Trindade no evento pascal de Cristo está no amor, que "tudo sofre, tudo suporta, tudo espera, para proporcionar a felicidade, e nisso encontrar a felicidade própria".[6] Amor que reage negativamente a uma teologia de Deus sem mundo, de Deus apático, recolocando a questão de Deus próxima da vida do homem e da mulher, que fundamenta o agir humano na via da esperança, como lemos a seguir:

> É somente a participação no sofrimento do mundo, e no sofrimento divino pelo mundo, que confere à limitada experiência pessoal da dor a dimensão

---

3. MOLTMANN, J., O Deus crucificado, p. 17.
4. MOLTMANN, J., O Deus crucificado, p. 20.
5. MOLTMANN, J., Trindade e Reino de Deus, p. 35.
6. MOLTMANN, J., Trindade e Reino de Deus, p. 56.

religiosa da aflição. Na efetivação do aspecto escatológico desse universo aflora uma aflição que tem esperança em uma beatitude eterna do mundo e, nele, do próprio Deus.⁷

Com esta citação tocamos o cerne desta nossa pesquisa e o que virá refletido nos capítulos a seguir. O Deus trinitário se compadece no sofrimento do mundo. O Filho desceu de junto do Pai para libertar do sofrimento a sua criação, para orientar as esperanças para a grande esperança, que é o seu futuro inaugurado pelo dom do Espírito Santo. A esperança é o propulsor de transformação do mundo atual na perspectiva do reino vindouro. A escatologia é reformulada e fundamentada nesse revelar-se de Deus Trindade no amor, nesse encontro de Deus com o homem e a mulher em todos os tempos em Cristo, encontro capaz de "transformar a nossa vida a ponto de nos fazer sentir redimidos através da esperança que [ele] exprime" (SS n. 4).

Um lugar específico de onde parte a pergunta por Deus e pela esperança, tomado por ponto de partida de nossa pesquisa, foi o contexto do sofrimento e do desmoronamento das experiências fundantes da humanidade, como o amor, a confiança e o respeito à sua dignidade. Estes desmoronamentos ocorrem quando impera a inimizade, transformando a fraternidade em fratricídio. De modo delimitado, escolhemos o recorte desta pergunta no contexto de sofrimento experimentado por Moltmann na Segunda Guerra Mundial e em seus desdobramentos posteriores.

Escolhemos este autor por se tratar de um grande teólogo contemporâneo, que tornou biográfica a sua teologia, e que influenciou e influencia a reflexão teológica em todo o planeta. Nosso teólogo mantém convicta postura ecumênica, aliada a uma perspicaz teologia que desinstala qualquer discurso de sua segurança conceitual, e é salutar teologizar com esse incômodo. Sua compreensão de Deus não tangencia a desconcertante pergunta por Ele em meio ao sofrimento, de modo que Deus e ser humano são profundamente tocados nesta realidade de dor. A revelação da Trindade no evento pascal de Cristo, como amor que padece, liberta e transforma, e a esperança que brota deste fundamento do amor contribuem para uma vivência ativa diante da ferida aberta da humanidade, que é o sofrimento e o mal apesar de Deus e do anseio de vida do ser humano, pois sobre essas realidades não pairam a indiferença de Deus, nem a indiferença de quem é impulsionado pela esperança que se fundamenta na comunhão aberta e convidativa desse Deus.

---

7. MOLTMANN, J., Trindade e Reino de Deus, p. 55.

No entanto, esta temática sobre Deus e o sofrimento não é recente. Vem sendo desenvolvida ao longo de séculos, principalmente pela filosofia e teologia. Mas a questão é que, procurando salvaguardar Deus do absurdo do mal deste mundo, por um lado, e emancipar este humano frente a um Deus que permite o mal, por outro, tais propostas não deram conta de apontar a esperança para este homem e mulher e para este Deus. Foram posturas que mantiveram sem futuro o drama vivido, relegando Deus e o ser humano à indiferença, à ausência de comunicação livre e dialogal. A reflexão de Moltmann sobre Deus e sobre a esperança, sobre a escatologia do amor, abre os horizontes da teologia no sentido de que ela não somente tem algo a dizer, mas sobretudo a escutar e a sentir com a sociedade, com os dramas vividos pela humanidade, e neste envolvimento vivificador para ambos encontrar a esperança que brota do amor que se move na direção das esperanças dos homens e das mulheres.

Muito se tem pesquisado sobre Moltmann[8] e sua contribuição para a teologia. Temas como ética, política, ecologia, trindade, esperança, presentes nas publicações acerca do autor, bem como sua postura ecumênica, revelam a importância de seu pensamento na teologia contemporânea.

Apesar da extensa publicação do autor e sobre ele, o estudo sobre a escatologia na compreensão de Deus em Moltmann ainda é pouco explorado.[9] Algumas publicações apontam para o evento pascal de Cristo, o sofrimento e o mal, a impotência de Deus, entre outros.[10] Propomos com nossa pesquisa refletir sobre a implicação da compreensão de Deus como Trindade na Escatologia, pois a escatologia moltmanniana traz consigo uma compreensão de Deus. Doutrina trinitária e Escatologia interpenetram-se. É neste sentido que afirma: "A questão da compreensão do mundo a partir de Deus, e do homem a partir de Deus – que é a preocupação das provas de Deus – só pode ser respondida quando se sabe de que Deus se está falando, do modo, do propósito e da tendência com que se revela".[11]

---

8. Nos últimos 25 anos foram 176 publicações (a maioria em inglês) em revistas acadêmicas sobre o autor, segundo o motor de pesquisa ATLA Religion Database with ATLA Serials. Acesso em: 7 fev 2017. Segundo o Portal Capes, são 9 publicações (dissertação ou tese). Acesso em: 8 jul 2015. Muitas outras publicações são registradas por outros motores de busca.

9. Dentre os que tratam desta temática, indicamos um artigo: KUZMA, C., A ação de Deus e sua realização na plenitude humana, p. 225-248.

10. Por exemplo, citamos 4 publicações dentre dissertações e teses defendidas no Departamento de Teologia da PUC-Rio: AMADO, J., Deus e a história; ALMEIDA, E., O drama pascal na cristologia de J. Moltmann e as representações contemporâneas do sofrimento e da morte; GOMES, P. R., O Deus im-potente; KUZMA, C., A esperança cristã; e sua tese: O futuro de Deus na missão da esperança cristã.

11. MOLTMANN, J., Teologia da esperança, p. 35.

Que Deus, então, faz emergir a esperança? Moltmann toma posição por uma reflexão sobre Deus que rompe com a imagem do impassível e imóvel da teologia em chaves hermenêuticas da metafísica grega, e acolhe aquele Deus revelado como amor libertador no evento pascal de Cristo. Em suas palavras:

> O Deus de que aí se fala não é um Deus intramundano ou extramundano, mas o "Deus da esperança" (Rm 15,13), um Deus que tem o "futuro como propriedade do ser" (E. Bloch), tal como se apresenta no Êxodo e nos profetas de Israel, um Deus que não podemos ter em nós, nem está acima de nós, mas sempre adiante de nós, que nos encontra em suas promessas sobre o futuro, a quem por isto mesmo não podemos "possuir", mas só ativamente aguardar em esperança.[12]

O Deus que está diante de nós se entrega a nós a partir do seu futuro. Nesta entrega por amor, faz irromper neste mundo e neste tempo o seu futuro. Faz do amor uma nota escatológica característica da existência cristã. O futuro do seu amor é uma experiência da esperança.

Voltemos a atenção aos aspectos formais e metodológicos de nossa pesquisa. Partimos de uma pergunta fundamental: a escatologia de Moltmann encontra fundamentação em sua compreensão de Deus? Dessa pergunta, procuraremos apontar de que modo se interpenetram Escatologia e Trindade no autor.

Num primeiro momento faremos uma contextualização, em Moltmann, da pergunta sobre Deus e sobre a esperança, apresentando o contexto pós-guerra que o fez levantar estas questões, e sua fundamental reflexão, a partir do Antigo Testamento, sobre o dado da promessa como lugar de revelação de Deus.[13] Esse primeiro capítulo refletirá sobre a teologia biográfica de nosso autor e sua compreensão de revelação de Deus a partir do seu futuro, na história das promessas que trazem um saldo de futuro, que é universal.

Em seguida, no segundo capítulo, procuraremos descrever o recorte crítico da compreensão trinitária de Moltmann no evento pascal de Cristo crucificado e ressuscitado, em que ele apresenta o *pathos* divino como chave de compreensão da revelação de Deus-Amor, e a ressurreição de Cristo como luz lançada à sua cruz. O silêncio de Deus na cruz de Cristo e o seu sim na ressurreição do Cristo crucificado são o rosto de Deus que traz esperança. O futuro de Deus encontra seu cerne no evento pascal de Cristo.

---

12. MOLTMANN, J., Teologia da esperança, p. 3.
13. DUE, W., O guia trinitário para a escatologia, p. 149-151.

Por fim, aprofundaremos o enunciado escatológico da compreensão de Deus em Moltmann, que é a sua inabitação na criação, já em curso por ação do Espírito Santo como dom do Ressuscitado. Trata-se da escatologia trinitária como amor convidativo e integrador, que aponta esse mesmo amor como característica fundamental da existência humana. Deus, por ser amor, tem futuro. O futuro do seu amor é a nossa esperança, que não decepciona.

Nossa pesquisa não objetiva traçar um histórico do tratado sobre a Trindade nem mesmo da Escatologia. Nosso foco é a compreensão de Deus em Jürgen Moltmann e a escatologia que daí deriva, a partir de suas obras que conotam a interpenetração dessas temáticas. Partiremos de Moltmann para o recorte por ele dado a essas temáticas. Muito menos nos preocuparemos em descrever a relação da Trindade e da Escatologia com outras áreas do saber teológico ou de outras ciências, embora no desenvolvimento de nossas reflexões essas temáticas apareçam. Igualmente não procuraremos tratar exaustivamente do tema da esperança e da Trindade. Não faremos uma fundamentação bíblica acerca das temáticas da Escatologia e da Trindade trabalhadas por Moltmann, senão uma apresentação delas, que o próprio autor já fez em suas obras. O recorte da pesquisa bibliográfica tanto nas obras de Moltmann como nas obras sobre ele será o enunciado escatológico de sua compreensão trinitária de Deus no evento pascal de Cristo.

Partindo das obras de Moltmann, tendo por bibliografia básica: *Teologia da esperança*, *O Deus crucificado* e *Trindade e Reino de Deus*, faremos uma revisão bibliográfica sobre o tema da revelação da Trindade como amor no evento pascal de Cristo, do Deus imóvel e impassível para o Deus que sofre por solidariedade no amor, para, em seguida, na linha de uma escatologia performativa, refletir sobre a esperança em Moltmann a partir dessa sua compreensão de Deus.

Os textos do autor, traduzidos nas línguas inglesa, portuguesa, italiana e espanhola, serão utilizados a partir do corte do enunciado escatológico na compreensão de Deus em sua teologia. Usaremos, também, outros textos que falam sobre as temáticas da Trindade e da esperança, seja para o diálogo com nosso autor, seja para corroborar nossas reflexões.

Capítulo 1 | A pergunta sobre Deus e sobre a esperança em Jürgen Moltmann

O objetivo deste capítulo é contextualizar a pergunta sobre Deus e sobre a esperança em Moltmann, não necessariamente detalhando a sua biografia nem mesmo o seu percurso teológico. Mas, ainda que não entrando em detalhes, tomaremos alguns fatos marcantes da sua vida, nos quais a pergunta por Deus e pela esperança surgem e, ao mesmo tempo, encontram nestes mesmos fatos a sua intencionalidade, o seu recorte, a sua significação e a sua paixão, pois entendemos que a teologia de Moltmann é biográfica.[14]

Uma característica fundamental de uma teologia biográfica é a sua convicção de que o teólogo é chamado a fazer a *sua* teologia, seja a partir de experiências próprias, seja das experiências da vida da comunidade, da sociedade e das identidades culturais às quais pertence, pois não haverá realidade alguma na qual venha pairar a indiferença de Deus. A teologia se converte em discurso vazio e sem eco na sociedade a qual se dirige quando se afasta dessa dinâmica reveladora de Deus em seu envolver-se com o mundo,[15] pois "nessa época de crise de Deus a teologia

---

14. MOLTMANN, J., O Deus crucificado, p. 13-16. Neste prefácio à edição brasileira, nosso autor aponta o dado biográfico do seu fazer teologia, e as suas implicações biográficas em muitos teólogos e teologias, pois no Deus crucificado se compreende a identificação de Deus com os crucificados em seu sofrimento solidário, sua contestação e juízo contra o mal. Vai além, portanto, de um despretensioso estudo sobre as teologias da cruz de Lutero e de Paulo. Para compreender a temática da Teologia Biográfica, ler: BINGEMER, M. C., O mistério e o mundo, p. 351-358. A autora aborda essa questão ao tratar do conhecimento de Deus e sua explicitação como um acontecimento, mais que uma simples conceituação.

15. Esta temática da revelação de Deus é fundamental para a fé cristã. Na Constituição Dogmática *Dei Verbum* sobre a Revelação Divina, nos n. 2 e 6, encontramos a síntese sobre o que e o para que da revelação: Deus se revela para dar-se a conhecer ao ser humano, convidando-o à comunhão com Ele, e para manifestar Seu desígnio salvífico, que brota desse mesmo revelar. Outras obras abordam esta fundamental temática, desde uma perspectiva histórica, cultural e social desta revelação, buscando uma interpretação crítica em diálogo com outros saberes da ciência e com as Sagradas Escrituras e o Magistério Eclesial.

não pode dar-se ao luxo de apresentar seu discurso de Deus como uma doutrina atrofiada por excesso de objetividade".[16] O enfoque biográfico da pergunta por Deus e pela esperança em Moltmann quer indicar que o fazer teologia significa engajar-se decididamente em tornar performativo o seu discurso sobre Deus, torná-lo testemunhal e, por isso mesmo, pertinente, capaz de tocar o coração da sociedade, de ser sacramental.

A importância de abrir nossa pesquisa com essa temática se dá pelo fato de que Moltmann sempre retoma o contexto do qual partiu sua busca por Deus e seu encontro com a esperança, fato este que lança luzes e dá o real significado de suas reflexões, como já aludimos. Em algumas de suas publicações, revisita as suas experiências da guerra, dos campos de prisioneiros ingleses, o seu encontro com o Crucificado e o revigorar da esperança, esta que é experimentada na tênue fronteira com o autodesprezo e a acomodação.[17] Em um trecho, Moltmann resume o sentido de lançar novamente o olhar a esse aspecto histórico particular em seu percurso teológico, que tomamos por válido, igualmente, para a nossa pesquisa:

> Eu não sou apenas um teólogo que se ocupa cientificamente das esperanças e das angústias das pessoas, sou também um sobrevivente de "Sodoma e Gomorra". Essa observação não deve ser entendida em termos de poesia religiosa, mas como dolorosa realidade. Sempre que desço para os porões das lembranças daquela catástrofe, volto a ser tomado pelo temor e pelo tremor.[18]

Chegaremos ao objetivo proposto fazendo o recorte do alcance das seguintes perguntas sobre Deus e sobre a esperança e as respostas amadurecidas no decorrer de sua biografia, em que o nosso autor reflete sobre o Deus da esperança, que se revela a partir de seu futuro: Quais são as notas teológicas desse Deus pelo qual Moltmann pergunta onde está? Como a pergunta por onde está Deus perpassa seu itinerário biográfico, pastoral e teológico? E quais são os lugares para os quais essa pergunta fundamental conduziu Moltmann a repensar a teologia a partir de um dado fundamental e esquecido, a esperança? Estas são perguntas fundamentais que norteiam toda a reflexão deste capítulo, ajudando a explorar a

---

Apontamos as seguintes obras como referência, que partem de pontos de vista distintos, porém tocam essa mútua implicação entre Deus e o mundo, e entendem que a tarefa da teologia se dá na atualização da compreensão do Deus que se revela em diálogo com a sociedade: LIBANIO, J. B., Teologia da revelação a partir da modernidade; QUEIRUGA, A., A revelação de Deus na realização humana; e SCHILLEBBECKX, E., História humana: revelação de Deus.

16. METZ, J. B., *Memoria passionis*, p. 99.
17. KUZMA, C., O futuro de Deus na missão da esperança, p. 91.
18. MOLTMANN, J., No fim, o início, p. 49.

biografia teológica do nosso autor e os desdobramentos de sua compreensão de Deus, conforme entendimento produzido a partir de nossas leituras.

Num primeiro momento, apresentaremos o contexto a partir do qual Moltmann perguntou por Deus, fundamentado em bibliografias do nosso autor e de comentários bibliográficos de outros autores sobre ele. Este contexto é o clamor em meio à destruição, onde seus sonhos e esperanças se despedaçaram. Refletiremos sobre o clamor como um modo particular de discurso sobre Deus, uma pergunta que já é, por si mesma, um dado fundamental da revelação de Deus, que Moltmann compreende como o Deus compassivo, que sofre por amor e que está ali presente no ato do horror, ao lado dos abandonados, a partir do seu futuro.[19] É o futuro de Deus, como ato revelador desse mesmo Deus, que confere ao cristianismo seu vigor, sua missão, sua esperança e seu engajamento para transformar a realidade na qual se insere, na linha da grande esperança que brota de Deus.

Em seguida, como desdobramento dessa pergunta por Deus em Moltmann, refletiremos sobre um dado fundamental de sua compreensão de Deus que é a promessa. Refletindo sobre as experiências de Deus do povo de Israel, nosso autor aponta para a revelação de Deus a partir do seu futuro, que na história desse povo se apresenta como um revelar escatológico e universal, em que as promessas cumpridas da parte de Deus carregam um saldo de futuro. Esta compreensão de Deus ganha significado quando se retoma a experiência da esperança que Moltmann fez nos campos de prisioneiros e estudos de teologia, a ponto de afirmar que lá mesmo, no horror da guerra, Deus estava presente, a partir do seu futuro, na imagem do Crucificado, abandonado.

1.1. A pergunta por Deus no clamor e a busca por respostas

Jürgen Moltmann nasceu em 8 de abril de 1926 em Hamburgo, Alemanha. Filho de professores, viveu num lar onde a religião era uma realidade distante de sua vida quotidiana. Cursou ciências exatas e passou a se interessar pela Teologia quando de sua experiência do horror da guerra e dos campos de prisioneiros ingleses e, igualmente, sua experiência pastoral junto ao povo rural, aprendendo do povo simples o rosto de Deus.[20] Esta sucinta apresentação biográfica se justifica

---

19. A expressão revelação de Deus a partir do seu futuro é fundamental na compreensão moltmanniana de Deus, pois nosso autor entende que a fé cristã é uma fé escatológica: "o cristianismo é total e visceralmente escatologia, e não só como apêndice; ele é perspectiva, e tendência para frente, e, por isso mesmo, renovação, e transformação do presente" (MOLTMANN, J., Teologia da esperança, p. 30).

20. KUZMA, C., O futuro de Deus na missão da esperança, p. 79-100. Nestas páginas, Kuzma faz um apanhado crítico da teobiografia de Moltmann, ou seja, apresenta a biografia de Moltmann e aprofunda os seus aspectos teológicos, destacando os pontos fundamentais que norteiam a sua Teologia da esperança.

pelo objetivo deste capítulo de nossa pesquisa, que é a pergunta por Deus e pela esperança em Moltmann. O próprio autor relata que seu interesse pela teologia se deu posteriormente, e não como formação familiar. Optamos pelo recorte biográfico a partir da sua experiência da guerra, da apatia e resignação e o encontro com o Deus da esperança. É o que vem a seguir.

O ponto de partida para o apaixonar-se de Moltmann pela teologia, a ponto de deixar de lado seu gosto por ciências exatas, se deu no desencadeamento da *Operation Gomorra*, das Forças Armadas da Coroa Inglesa, ocasião em que sua cidade natal fora arrasada:

> Nas últimas semanas de julho de 1943, aquela cidade [Hamburgo] foi destruída pelo fogo provocado por "Sodoma e Gomorra", nome dado à operação de bombardeiro da força aérea britânica. A bomba que esfacelou um de meus colegas, ao meu lado, me poupou de modo indescritível. Naquela noite de morte em massa, eu gritei pela *primeira vez* por Deus: "Meu Deus, onde tu estás? Onde está Deus?"[21]

Podemos, ainda, apresentar uma outra pergunta, que Moltmann afirma persegui-lo por toda a vida. Numa conferência de teólogos de sua geração, que tinha a finalidade de apresentar suas biografias, expectativas iniciais e evolução de seus pensamentos, acrescenta: "Por que estou vivo e não morto como os outros?"[22]

Duas inquietantes perguntas em meio ao horríssono grito de dor: *meu Deus, onde estás?* e *por que vivo?* Na realidade, essas são perguntas aclaratórias em forma de clamor, perguntas sobre o mal apesar de Deus e os consequentes desmoronamentos das certezas acerca da onipotência divina, da bondade humana, dos sonhos, aliados à busca de um novo sentido de vida. Este é o chão inicial da sua procura por Deus, e durante os seus três anos de prisioneiro de guerra ele procurou respostas. De que modo?

Desta parte da obra utilizaremos os pontos que corroboram nossa reflexão sobre a pergunta por Deus na biografia teológica de Moltmann.

21. MOLTMANN, J., *Vida, esperança e justiça*, p. 10 (grifo nosso). O destaque se fundamenta em sua própria narrativa, em que indica que sua família não tinha uma pertença religiosa, talvez por alguma penalidade eclesial pelo motivo de seu avô ser membro da maçonaria. Aliado a isso, tinha como inspiração de vida poemas de Goethe e uma famosa obra de Nietzsche, *Assim falou Zaratrustra: um livro para todos e para ninguém*, em que o filósofo desenvolve seu pensamento com sátiras ao Antigo e Novo Testamento, contendo a já famosa frase: "Deus está morto" (*Gott ist tot*, em alemão). Quando da busca por Deus a partir do horror da guerra e da desolação nos campos de concentração, Nietzsche e Goethe já não representavam coisa alguma para ele. Justamente, a morte de Deus em meio ao desolador cenário de morte fará reacender em seu coração a esperança, e todo o vigor de sua produção teológica. Como ele mesmo indica, "em meu fim está meu início" (MOLTMANN, J., *No fim, o início*, p. 49-52).

22. MOLTMANN, J., *Jürgen Moltman*, p. 20.

Em primeiro lugar, para Moltmann, a dor se torna o lugar teológico da pergunta por Deus, pois nesse lugar ela não corre o risco de ser apenas retórica, mas torna-se visceral. Nas suas palavras, "é na dor que surge a pergunta do homem sobre Deus, pois o sofrimento incompreensível põe em dúvida o conceito que o homem tem dele".[23] Se as perguntas retóricas visam afirmar o pressuposto, a pergunta na dor desconstrói qualquer pressuposição, e leva adiante uma inquietação que brota da contradição entre o sofrimento experimentado e uma certa concepção metafísica de Deus. Podemos aferir o nível de estranhamento do Deus conhecido até então, metafisicamente, como onipotente e bom, pelo nível de incompreensão do sofrimento.[24]

Em segundo lugar, as experiências dos sofrimentos partilhados, onde muitos morrem no desespero e no mais completo horror da desumanização que são as guerras, a fome e o exílio, devem levar a um novo posicionamento vital: *por que vivo?* Sendo um dos poucos jovens sobreviventes, Moltmann questiona-se sobre o porquê e o para quê de sua existência. Ser sobrevivente significa assumir para si uma dupla missão: o *fazer memória* daqueles que caíram lutando contra o mal ou como vítimas da maldade humana e do horror, para que nunca se repitam; e o *lançar-se na construção do futuro*, a partir de um presente tecido de experiências humanas e libertadoras, igualmente compartilhadas. É assim que Moltmann entende o *para que* de sua sobrevivência, sendo um dos teólogos que encoraja o cristão a ser agente da esperança na sociedade em que vive e diante de Deus a viver na liberdade, como adultos. É o modo como nosso autor entende sua vida e a vida do mundo, sempre abertas ao futuro de Deus.

Uma consequência semelhante encontramos na biografia de Jon Sobrino. Enquanto viajava para uma conferência de teologia, sua comunidade jesuíta foi martirizada em El Salvador, em novembro de 1989. Ao retornar, fez firme propósito de manter viva a memória desse fato, pois "esse cenário devastador nunca levou Sobrino a afastar-se de sua trajetória teológica",[25] e a partir dele renovou seu compromisso com uma teologia que tivesse como ponto de partida os pobres latino-americanos, que propusesse o pobre e seu sofrimento como lugar teológico para falar de Deus – conclusão que chegamos a partir de leituras de suas obras, que são marco fundamental da Teologia da Libertação.

---

23. MOLTMANN, J., Trindade e Reino de Deus, p. 60.
24. Gisbert Greshake desenvolve a questão do sofrimento a partir da liberdade do ser humano. Essa liberdade é garantida pelo amor de Deus, e somente se entende a onipotência de Deus como amor (GRESHAKE, G., Por que o amor de Deus nos deixa sofrer?, p. 35-50).
25. SCHAPER, V. G., Apresentação, p. 7.

Para enriquecer nossa reflexão, a esta altura, sobre a questão do clamor como linguagem privilegiada do discurso sobre Deus, trazemos um aceno à biografia teológica de Johann Baptist Metz, a quem Moltmann considera amigo e com o qual compartilha a dimensão política da teologia. Segundo Metz, fazer teologia não poderia jamais ter outro ponto de partida, senão as grandes questões que emergiram do trágico acontecimento da guerra de que ele, assim como Moltmann, participou. Destacamos seu próprio relato:

> Quando a Segunda Guerra caminhava para o seu fim, eu, que então tinha dezesseis anos, fui tirado da escola e obrigado a me alistar. (...) A companhia da qual eu fazia parte era composta exclusivamente de jovens, mais de cem. Uma tarde, o capitão me enviou para entregar uma parte do posto de comando do batalhão. Passei a noite vagando por povoados e casarios destruídos por projéteis e em chamas; e quando, pela manhã seguinte, retornei para onde se encontrava a minha companhia, não encontrei mais que mortos, somente mortos, esmagados por um combinado de bombardeiros e tanques. A todos eles, com os quais no dia anterior havia compartilhado os medos infantis e riscos adolescentes, somente pude ver seus rostos inertes e sem brilho. Não recordo, a não ser um grito silencioso. Assim também me vejo hoje; e por detrás dessa memória se desmoronaram todos os meus sonhos de infância.[26]

Metz aprofundou a questão do clamor como linguagem do discurso sobre Deus. Nesta linguagem do clamor em vias de exigência de resposta, o interlocutor e a teologia se abrem ao espaço de Deus:

> [É uma linguagem] intranquilizadora, muito menos confortadora, muito menos harmônica que esta [a linguagem da teologia acadêmica]. Nesta mesma medida, é muito mais resistente, muito menos inclinada a adaptações, é menos esquecida que a linguagem generalizada com a qual a teologia, em seu discurso sobre Deus, se dedica a mostrar sua compatibilidade com a Modernidade.[27]

Do que trata a linguagem do clamor? Trata da atitude fundamental de todo ser humano, crente ou não, como pergunta frente ao absurdo do sofrimento do inocente. Uma pergunta, queira ou não, dirigida ao Transcendente. "É a inquietude gerada pela pergunta pela justiça para os inocentes que sofrem".[28] É a lingua-

---

26. METZ, J. B., Memoria passionis, p. 100.
27. METZ, J. B., Memoria passionis, p. 103.
28. METZ, J. B., Memoria passionis, p. 81.

gem que acorda o ser humano da anestesia da insensibilidade frente ao sofrimento do outro. Esta linguagem traz ainda um deslocamento da pergunta por Deus: "a questão 'quem é Deus?' se desloca perante o mal. Ressurge na teodiceia como a de 'onde está a divindade?', ao que responde o cristianismo com o Crucificado".[29]

A pergunta *onde está Deus?* é o aguilhão da fé. É a pergunta crítica da e para a fé que se abre ao horizonte muito maior que o do protesto. Ela parte de duas direções: aponta para a ausência de Deus, entendida como permissão do mal, e para uma constatação da sua presença, pois no Crucificado Deus se identifica, sofre solidariamente com as vítimas e destrói o mal. A linguagem da fé se renova quando passa pelo crivo da pergunta por Deus em meio ao sofrimento. Leva inevitavelmente para o testemunho da fé o tomar partido pelos abandonados e com os abandonados, pois Deus mesmo sofreu solidariamente esse abandono, para transfigurá-lo na sua mais radical presença. Esta linguagem se mantém, igualmente, em todo o seu desconcerto, no relato biográfico de Moltmann, e se identifica no clamor do abandonado na cruz.

Para ilustrar esse contexto inicial da pergunta por Deus e pela esperança em Moltmann, destacamos alguns trechos de sua narrativa, evidenciando a ênfase que o próprio autor coloca sobre o horror em ação como lugar teológico da procura por Deus. O contexto a partir do qual o autor coloca para si a questão de Deus foi o sentimento de ausência dele na destruição da guerra e a desoladora experiência nos campos de prisioneiros ingleses:

> Tratou-se de uma luta contra o lado mais obscuro de Deus, contra sua face abscôndita, contra o "não" de Deus que nós tivemos que suportar durante a guerra e na miséria do tempo de prisão. Nós escapávamos da morte no conflito, mas para cada um que sobreviveu, houve centenas que morreram. Nós escapamos do inferno, mas pusemo-nos atrás do arame farpado e perdemos a esperança. (...) O meu mundo interior desabou, eu recolhi meu coração que sangrava dentro de uma carapaça de imperturbalidade e apatia. Isso foi uma forma de prisão interna para a alma, somada à prisão externa. (...) A experiência da busca por Deus, da pergunta por Deus não se dá apenas na reflexão pós-guerra, mas no absurdo do sem Deus da guerra. No absurdo do sofrimento em ação, nos desmoronamentos da poesia religiosa, no recolhimento à sombra da apatia, no não mais ter forças de elevar os olhos. Onde está Deus?[30]

---

29. DÍAZ, J. A., ¿Qué decimos cuando hablamos de Dios?, p. 179.
30. MOLTMANN, J., Vida, esperança e justiça, p. 10.

A experiência que Moltmann fez do horror o conduziu ao abandono de si mesmo, desmoronou seus sonhos, extinguiu em si mesmo o calor de humanidade com o autodesprezo e a acomodação experimentados nos campos de prisioneiros ingleses, como prisioneiro de guerra. Num primeiro momento, ele, aos poucos, não se dava mais conta do arame farpado que o cercava e do grande fosso de seu aprisionamento interno. Reconhecia-se a si mesmo como um "morto vivo".[31]

Moltmann viu definhar a própria vida diante de si mesmo. Além da memória da destruição, das milhares de vítimas, dos sonhos de juventude que viraram cinzas, como a sua cidade natal, sentia a vergonha pelo horror da ditadura nazista, uma máquina do mal que visava nada mais que revelar a face cruel da humanidade pela xenofobia e eugenia. Reconhecia que o castigo de *Sodoma e Gomorra*[32] imposto à sua cidade foi consequência do horror que o seu país impôs ao mundo, tendo Auschwitz como vitrine, conforme relata:

> Envergonhava-nos profundamente a cordialidade com que os mineiros escoceses e os vizinhos ingleses se relacionavam com os prisioneiros alemães, seus antigos inimigos. Fomos aceitos como pessoas, embora fôssemos apenas números e tivéssemos nas costas a marca de prisioneiros. Mas isso nos possibilitava viver com a culpa de nosso próprio povo, com as catástrofes que havíamos provocado, e com a longa sombra de Auschwitz, sem as reprimir e sem nos tornamos endurecidos.[33]

Nesse lugar de desolação e de apatia, Moltmann narra três encontros que o acordaram para a vida, para a sua condição de prisioneiro, para a sua vergonha e para a esperança: *a cordialidade dos ingleses e escoceses*, como narrado acima; *as cerejeiras em flor* que ele significou como a vida olhando para si mesmo, quando já nem enxergava vida ou morte, como lemos em suas palavras: "a vida plena 'olhou' para mim. Eu caí, quase inconsciente, mas senti a primeira centelha de vida novamente em mim";[34] e, ao receber uma *bíblia* do capelão militar no final do ano de 1945, lendo os salmos de lamentação e a narrativa da paixão de Jesus segundo o Evangelho de Marcos, encontra-se com Deus no Abandonado por Deus na cruz:

---

31. MOLTMANN, J., Vida, esperança e justiça, p. 10.
32. Nome dado à operação de guerra das Forças Armadas da Coroa Inglesa, que devastou Hamburgo, sua cidade natal, conforme já descrito anteriormente.
33. MOLTMANN, J., No fim, o início, p. 51.
34. MOLTMANN, J., Vida, esperança e justiça, p. 10.

> O salmo 39 prendeu minha atenção: "Estou mudo e preciso engolir minha miséria... Minha vida é como nada diante de ti... Sou um estranho,[35] como foram todos os meus antepassados". Essas palavras surgiram do fundo da alma, depois que Goethe e Nietzsche nada mais significavam para mim. Mais tarde li o Evangelho de Marcos. Chegando ao grito de morte de Jesus, "Meu Deus, meu Deus, por que me abandonaste?", tive a profunda impressão: este é o único que me pode entender. Comecei a entender o Cristo impugnado por Deus e que em Deus sofre, porque me sentia compreendido por ele. Isso me proporcionou novo ânimo de vida. Tornei a ver cores, a ouvir melodias, sentia novamente energias vitais.[36]

O grito do Abandonado na cruz fez coro ao seu grito de abandono na experiência do horror da guerra. Um uníssono foi entoado num profundo canto de clamor, revelando aí mesmo as consequências da encarnação do Verbo. Uma eloquente revelação onde se supunha ausência de Deus. Neste encontro, mais que compreender Deus, Moltmann se sente compreendido por Ele e, igualmente, compreende-se a si mesmo: "Quando a liberdade se torna próxima, as cadeias tornam-se dolorosas. Quando o Reino de Deus está próximo, sente-se o abismo do abandono de Deus. Quando se pode amar, porque se conhece o amor, pode-se também sofrer, aceitar o sofrimento e viver com os mortos".[37]

Semelhante experiência foi narrada na *Spe Salvi*. Nesta encíclica que trata da fé da esperança, o agora papa emérito Bento XVI escreveu sobre Santa Bakkita e seu encontro com Cristo, justamente o chagado, abandonado e morto na cruz, para ilustrar a redenção que a esperança promoveu em sua vida pessoal. Esse que fora flagelado, igual a santa que por longos anos foi escrava de vários e cruéis donos, está à direita de Deus, a ama, a conhece e espera por ela, aconteça o que acontecer. (SS n. 3)

Este encontro com o Crucificado se torna um evento de grande significação para Moltmann, traz belíssimas notas teológicas que ele irá desenvolver ao longo de sua trajetória pastoral e acadêmica. Assim relata:

> Estou seguro de que, naquele instante, e naquele lugar, no escuro buraco da minha alma, Cristo me achou. (...) Naqueles dias, o abandono de Cristo na

---

35. Não tivemos acesso ao texto na língua original alemã, mas revendo as traduções da bíblia em português, parece-nos que o termo correto e de semântica condizente à situação concreta de nosso autor à época é "forasteiro" (Bíblia de Jerusalém), e não "estranho", como atesta a tradução portuguesa do livro em questão.
36. MOLTMANN, J., No fim, o início, p. 51.
37. MOLTMANN, J., A alegria de ser livre, p. 66.

>Cruz me mostrou onde Deus está presente, onde ele estava naquela noite de chamas em Hamburgo e onde ele estará ao meu lado, aconteça o que acontecer no futuro.[38]

Como podemos notar, há uma experiência fundante para a teologia de Moltmann que se desenvolve desde o horror da guerra e da desolação da prisão, que denotam o não de Deus e a sua face obscura – pois por Ele se perguntava, gritava e, no momento, não conseguia respostas, senão a crescente apatia e resignação –, passando pelo encontro com o Crucificado, o Filho abandonado pelo Pai na cruz que, igualmente, gritava e não escutava a voz do Pai – como a escutava no batismo no rio Jordão, nas orações, na transfiguração – chegando a uma imagem de Deus capaz não somente de suscitar a esperança, mas de nutri-la. Moltmann fez, a partir de sua história, a experiência da encarnação do Verbo que revela a paixão de Deus, seu amor que também sofre.

Deus veio ao encontro de Moltmann na pessoa do Crucificado ressuscitado. Houve um despertar para a vida, como ele mesmo descreve. A resposta que o Pai deu ao Filho abandonado e entregue – que gritava na cruz –, a ressurreição, lança sobre o cristão uma centelha permanente de esperança:

>Estamos aqui diante de um fundamento basilar de sua teologia, quando o ressuscitado vem até nós, de forma livre e gratuita, promete-nos um futuro com o seu Reino. Diante da vida que a ressurreição nos traz, calcada pela esperança da cruz, não podemos deixar que a apatia venha tomar conta de nosso ser. Precisamos superá-la, desafiá-la, vencê-la e conquistá-la. Aliás, esse é o objetivo da *esperança cristã*, sustentada na vida que vence a morte, numa certeza pela promessa na vinda do Senhor que vem. É o que desperta em nós a esperança de viver, que nos impulsiona para frente, a ponto de nos lançarmos, definitivamente, ante o arame farpado e rompê-lo. Somos salvos pela esperança (Rm 8,24).[39]

A teologia de Moltmann, portanto, passa obrigatoriamente pela sensibilidade da chamada questão da teodiceia, para a pergunta por Deus em vista das inescrutáveis histórias de sofrimento do mundo, do seu mundo que é também o mundo de Deus. E não o faz como um espectador. Depois do horror da experiência da guerra, ele recoloca o lugar do discurso sobre Deus como interpelativo e motivador de esperança, conforme ele mesmo relata: "naquele tempo, abalados e destroçados, os sobreviventes de minha geração vinham dos campos e hospitais

---

38. MOLTMANN, J., Vida, esperança e justiça, p. 11.
39. KUZMA, C., O futuro de Deus na missão da esperança, p. 91-92.

militares para as salas de aula. Uma teologia que não falasse do Crucificado e abandonado por Deus não teria nos tocado".⁴⁰

Este recorte histórico e o seu revisitar pelo autor trazem para o fazer teologia a sua implicação biográfica, como que a credencial para um discurso teológico que seja performativo e, por isso mesmo crível, capaz de uma palavra relevante para a sociedade carente de referências coerentes em que vivemos. A teologia biográfica, como elementar a todo discurso sobre Deus, é um passo além da perspectiva meramente científica, de neutralidade frente a Deus e ao ser humano em sua relação com Ele, seus objetos:

> Um teólogo verdadeiro deve ter elaborado a sua luta com Deus, a sua experiência de Deus, seus medos de Deus e sua alegria em Deus. Ele deve ter se exposto pessoalmente à causa que representa, e não reprimir as suas experiências negativas diante de Deus nem calar o seu gosto positivo em Deus (Sl 37,4). É bom quando se consegue reconhecer, numa teologia, o teólogo, a teóloga, e, nos agentes poiêmicos, a própria alma envolvida.⁴¹

A retomada da biografia de Moltmann nos lembra que o horror é ainda uma realidade que ronda a humanidade, sempre que as bandeiras das radicalizações são hasteadas. E a pergunta por Deus se torna cada vez mais atual, na medida em que em tais circunstâncias, apesar de tantos avanços, nelas se revela novamente a face obscura de Deus, que se desdobra em amor que salva, em amor que sustenta a esperança.

Cenários devastadores, principalmente os que revelam a face mais sombria de Deus frente ao escárnio do mal, não podem permanecer indiferentes à fé cristã. O campo de concentração de Auschwitz de ontem, o litoral da Turquia de hoje – um verdadeiro cemitério de esperanças no qual são sepultados incontáveis migrantes em busca de vida e de paz⁴² – e tantos outros fazem sombra à imagem metafísica de um Deus onipotente, desmoronam a ideia romântica de um Deus

---

40. MOLTMANN. J., O Deus crucificado, p. 17.

41. MOLTMANN, J., Experiências de reflexão teológica, p. 10.

42. Segundo W. Spindler, porta-voz da Agência da ONU para Refugiados (ACNUR), em coletiva de imprensa realizada em Genebra, o ano de 2016 "será o ano mais letal já registrado no Mar Mediterrâneo". Nesta mesma coletiva, W. Spindler apresenta as estatísticas da crise migratória. IHU, Mais de 300 mil refugiados e migrantes cruzaram o Mediterrâneo em 2016. Disponível em: <https://goo.gl/3YNsaQ>. Acesso em: 25 de jan. de 2017. Ressaltamos o importante discurso do Papa Francisco ao Parlamento Europeu, datado do dia 25 de novembro de 2014, que cobra o espírito humanista da Europa, que a mesma tanto defende, ao tratar da questão dos refugiados. De modo enfático diz: "não se pode tolerar que o Mar Mediterrâneo se torne um grande cemitério! Nos barcos que chegam diariamente às costas europeias, há homens e mulheres que precisam de acolhimento e ajuda". FRANCISCO, Discurso do santo padre ao parlamento europeu: Estrasburgo, França, 25 de Novembro de 2014.

Amor, Bom, Belo. Diante desse desmoronamento, que Deus e que humanidade ficam de pé? Não há outra palavra a ser dita, senão o Crucificado. Ali está a humanidade erguida no grito do Abandonado. Ali está o Cristo, o Filho erguido no grito do abandono pelo Pai, profundamente solidário e, por isso mesmo, visceralmente presente a tal ponto de sofrer Ele mesmo o padecimento de sua criação.

A compreensão de Deus em Moltmann passa pela identificação do Crucificado com todos os abandonados, com todas as vítimas da violência e do mal. Uma identificação que é um sofrer *com*, entendido como expressão radical de solidariedade, e um sofrer *para*, que se manifesta como destruição do mal e de suas estruturas de morte. Diante do sofrimento humano e do sofrimento do Deus que se fez humano, não se sustentam as noções metafísicas de Deus oriundas da filosofia da religião grega, ao menos se não forem ressignificadas na perspectiva do amor revelado no evento pascal de Cristo. O Deus testemunhado pelas Sagradas Escrituras sempre se mostrou próximo do seu povo, vivendo seus dramas e assumindo-os como seus. Em Cristo, esta proximidade é visceral. Por isso, toda compreensão de Deus deve passar pelo crivo da humanidade de Deus erguida na cruz, e todo sofrimento produzido pelas desumanidades encontra no Crucificado ressuscitado o seu juízo e nele o ser humano reencontra sua própria humanidade.

Foi este o percurso teológico trilhado por Moltmann. Na *Teologia da esperança*, parte da ressurreição do Crucificado como irromper do futuro de Deus. É a ressurreição o cumprimento pleno da promessa de Deus e este cumprimento guarda uma reserva escatológica no sentido da justificação do homem e da mulher, sua glorificação junto à totalidade da criação. Para manifestar a íntima relação da teologia da cruz com a *Teologia da esperança*, Moltmann publica O *Deus crucificado*. Se na primeira obra revisa toda a teologia a partir da centralidade da esperança, nessa revisa toda teologia pelo crivo da cruz. É um voltar os olhos para a "*cruz* do ressuscitado".[43] A grande questão colocada por Moltmann, que, segundo ele, corrige a imparcialidade da tradição no tocante à compreensão de Deus e vai além de uma mera perspectiva da doutrina de salvação é, em suas palavras, compreender "quem é Deus na cruz do Cristo abandonado por Deus?"[44] As duas obras juntas revelam a *antecipação* do futuro de Deus, em *Teologia da esperança*, e a "*encarnação* daquele futuro por meio do sofrimento de Cristo e do sofrimento do mundo"[45] em O *Deus crucificado*.

---

43. MOLTMANN, J., O Deus crucificado, p. 21.

44. MOLTMANN, J., O Deus crucificado, p. 20.

45. MOLTMANN, J., O Deus crucificado, p. 21.

O itinerário teológico de Moltmann exposto nos permite compreender a relação do nosso autor com o Crucificado ressuscitado, que em sua teologia guarda notas significativas de biografia própria. O encontro com o Crucificado ressuscitado promove um novo sentir diante do sofrimento. Um sentir que se converte em ação pela esperança que brota desta proximidade de Deus, que revela seu futuro. É o que afirma César Kuzma:

> Diante da miséria e da crueldade presentes no mundo, onde o *choro* e o *gemido* passam a fazer parte de um cotidiano corrupto e injusto, é lícito descobrir nesses sentimentos sinais de vida em meio à morte e destruição. São os *sintomas de vida* que nos fala o autor, que alicerçados na esperança procuram romper todos os paradigmas dominantes em busca da libertação plena e final. Nessas horas, o grito, os choros e gemidos clamam por uma libertação definitiva, capaz de germinar num lugar hostil fragmentos de esperança.[46]

Estes sintomas de vida são sinais da esperança que não sucumbe perante o mal e, ao se lançarem como um grito a Deus, transformam os ambientes de morte em proclamação da vida, o não de Deus em lugar de revelação. A esperança impõe uma renovada imagem de Deus, aquele que não é indiferente, não é impassível à vida humana. Esta vida o toca profundamente. E o lugar decisivo para se reconhecer o rosto de Deus que suscita esperança é a cruz do Ressuscitado. Na cruz se revela o amor de Deus pela sua criação, pela humanidade. Um amor que não conhece limites. "O homem, na sua revolta e no seu desespero, fez de fato surgir um espaço onde Deus pode ficar ausente. Este é o lugar da morte. Em Cristo, porém, aconteceu algo extraordinário: Deus aproxima-se de nós até mesmo quando está ausente".[47] As tragédias e os horrores já não são mais argumentos da exclusão de Deus do horizonte das grandes questões da humanidade. As questões do sofrimento no mundo apesar de Deus e em Deus que brotam da teodiceia encontram na escatologia seu chão que, a partir do futuro, faz irromper o novo na transformação da dor em aflição, que é anseio por vida e justiça:

> Não é uma questão puramente teórica, pois não pode ser respondida mediante uma nova teoria do mundo objetivo. Ela é uma interrogação prática, que somente poderá ser respondida mediante a experiência de um mundo novo, em que "Deus enxugará as lágrimas dos vossos olhos". Mas, acima de tudo, ela não é propriamente uma pergunta como qualquer outra, que pode

---

46. KUZMA, C., O futuro de Deus na missão da esperança, p. 92.
47. PIAZZA, O. F., A esperança, p. 156.

ser formulada ou não, mas sim a *ferida aberta da existência* neste mundo. A verdadeira tarefa da fé e da teologia é proporcionar condições de sobreviver com essa ferida aberta. Aquele que crê não se satisfaz com nenhuma das respostas explicativas da questão da teodiceia. Aquele que crê rejeita também todas as atenuações do problema. Quanto mais alguém tem fé, tanto mais profundamente sente a aflição do sofrimento no mundo, e tanto mais apaixonadamente pergunta por Deus e pela nova ordem da criação.[48]

A citação acima toca num dado fundamental: a questão sobre Deus no desenrolar da vida humana, com suas alegrias, dramas e tragédias não pode restringir-se a mera especulação. A teologia é um serviço, e um serviço da esperança. Quando se teologiza a paixão de Deus pelo mundo, sem mitigar o mal nem silenciar a pergunta por Deus a partir dos horrores do mal, regata-se a dignidade do ser humano e a integridade da revelação de Deus como amor. Este é o serviço da teologia ao mundo e à fé cristã. Sobrino aponta nesta direção, e vai mais além, ao criticar as posturas ingênuas da fé e do humanismo perante a questão do mal em sua relação com Deus e com o homem.[49] Não se trata aqui de salvar o discurso sobre Deus ou de insistir na não salvação do homem e mulher por parte de Deus perante o mal, mas de refletir sobre Deus e o ser humano, com esperança, em meio ao sofrimento, "a partir das vítimas".[50] A partir das vítimas, segundo Sobrino, se compreende a solidariedade de Deus e se requer a solidariedade de todos os homens e mulheres numa perspectiva aberta da esperança que a revelação de Deus deixa entrever na história.

Continuamos no recorte bibliográfico de Moltmann, apontando a sua experiência nos campos de prisioneiros de guerra ingleses, lugar onde nosso autor caiu na resignação e foi erguido pela esperança, o seu contato posterior com a Teologia da Libertação e sua pastoral acadêmica na América Latina.

Em 1946, Moltmann foi transferido para *Norton Camp*, e lá teve a oportunidade de estudar Teologia de tradição protestante. Seus professores também eram prisioneiros. Nesse campo de prisioneiros de guerra se procurava também formar pastores para a Alemanha pós-guerra.[51] Não foi a pertença religiosa, em primeira mão, que o motivou a estudar teologia, mas a busca por esse Deus que sofre e que ele encontrou em meio ao seu próprio sofrimento: "Eu estava em busca da verdade e sentia que não procuraria por Deus se Ele não me escolhesse. (...) Eu ouvi o 'sim'

---

48. MOLTMANN, J., Trindade e Reino de Deus, p. 63.
49. SOBRINO, J., Onde está Deus?, p. 57-59.
50. SOBRINO, J., Onde está Deus?, p. 59.
51. MOLTMANN, J., Vida, esperança e justiça, p. 11-12.

de Deus que se esconde em todo 'não' dele".[52] Em 1948, encerra-se o período de sua prisão.

Dentre tantos outros *acenos teobiográficos de Moltmann*,[53] destacamos três vindas à América Latina, ocasião em que o autor pode confrontar sua *Teologia da esperança*,[54] publicada em 1964, com a Teologia da Libertação e, desse diálogo e de tantos outros, perceber que a sua obra "fez sua própria história".[55]

No ano de 1977, realizou um encontro com os teólogos da libertação, um debate que ele mesmo reconheceu como "duro, mas cordial"[56] na Cidade do México.[57] Do encontro, Moltmann teve a impressão que a "teologia latino-americana já se tornou há muito tempo maior de idade".[58] Reconhece na Teologia da Libertação uma teologia que toca as faces concretas dos pobres, é plural e que tem algo a ensinar à teologia europeia a partir das suas perspectivas políticas e sociais.

Podemos ver o efeito dessa constatação de Moltmann em várias obras teológicas europeias. Nelas se reconhece que, de todos os lugares, o pobre é o lugar privilegiado de onde se pode conhecer e dar a conhecer Deus. Tratando da temática da pobreza na eclesiologia, José Maria Castillo nos apresenta o significado do pobre não somente como lugar teológico, mas também enquanto autoridade no discurso sobre Deus:

> a solidariedade prática e concreta com os pobres é (e tem que ser sempre) uma nota característica da autenticidade da Igreja de Jesus. Portanto, a Igreja tem que ser "Igreja dos pobres", tanto no Primeiro Mundo como no

---

52. MOLTMANN, J., Vida, esperança e justiça, p. 12.

53. Acolhemos esta expressão de Kuzma junto à expressão Teologia Biográfica. Moltmann faz teologia da sua biografia, e narra teologicamente a sua biografia (KUZMA, C., O futuro de Deus na missão da esperança, p. 79).

54. No prefácio de 1997 desta mesma obra, Moltmann aponta o contexto histórico que trazia sinais de esperança quando da publicação desta obra: "(...) No Concílio Vaticano II, a Igreja Católica Romana estava se abrindo para as questões do mundo moderno. Nos Estados Unidos da América, o Movimento pelos Direitos Civis teve os seus pontos altos na luta contra o racismo. Na Europa oriental, assistimos ao surgimento do marxismo reformista, que em Praga foi chamado de 'socialismo da face humana'. Na América Latina, a revolução bem-sucedida em Cuba despertou, em toda parte, as esperanças dos pobres e dos intelectuais. Na Alemanha Ocidental, superamos a estagnação do período pós-guerra com a bandeira: 'Nada de experimentos!', por meio da vontade de ter 'mais democracia' e uma justiça social melhor e por meio da 'luta contra a morte atômica'. Os anos sessenta realmente foram anos de pôr-se em marcha e de voltar-se para o futuro, anos do renascimento das esperanças. Quando a Teologia da esperança foi publicada em 1967, na América do Norte, o New York Times escreveu na primeira página: 'A teologia da morte de Deus perde terreno para a Teologia da esperança'" (MOLTMANN, J., Teologia da esperança, p. 21-22).

55. MOLTMANN, J., Teologia da esperança, p. 19.

56. MOLTMANN, J., Vida, esperança e justiça, p. 18.

57. Ele esteve, igualmente, no Brasil.

58. MOLTMANN, J., Vida, esperança e justiça, p. 18.

Terceiro Mundo, a mesma em tempos de escassez e em tempos de abundância, já que, somente desde os pobres, a Igreja pode identificar-se com Jesus, pode compreender Jesus e pode falar, com honestidade e coerência, do Evangelho de Jesus.[59]

Mais adiante, Castillo diz que os pobres exercem sobre a Igreja um magistério acerca do discurso sobre Deus, pois são os que clamam, são aqueles por sobre os quais repousa o olhar solidário de Deus e com os quais, no face a face com Deus, a humanidade é chamada a solidarizar-se: "a Igreja pode falar de Deus, com garantias de autenticidade e coerência, na medida em que se põe a escutar aos pobres, a aprender deles, a inteirar-se, desde sua experiência desoladora e desconcertante, o que é Deus e como é Deus, por onde passa os caminhos de Deus".[60]

O pobre é o lugar teológico da fé, para a América Latina. Os migrantes devem ser o lugar teológico dos países que os acolhem ou excluem. É a implicação biográfica de qualquer teologia que queira dialogar com a sociedade, com credibilidade e propositividade. A identificação de Deus com o que há de mais frágil na história humana desautoriza qualquer especulação estéril sobre quem é Deus e quais suas ações neste mundo, que é obra do seu amor. Ao mesmo tempo, o pobre traz sua contribuição para a teologia e deve ser protagonista desse teologizar. Sua situação desconcertante requer da sociedade uma saída para condições dignas de vida, ao mesmo tempo em que leva essa mesma sociedade a repensar sua dinâmica de vida, atualmente pautada mais no sucesso econômico que nas experiências de promoção da dignidade humana.[61]

O encontro de Moltmann com a América Latina também se deu na experiência do martírio, que trouxe grande significação para o nosso autor. Trata-se do episódio do martírio da comunidade jesuíta, em novembro de 1989, da qual Sobrino era membro. Assim narra:

> Quando os assassinos trouxeram alguns dos corpos de volta para o prédio e depositaram o corpo de Ramon Moreno no quarto de Jon Sobrino, eles empurraram uma estante. Um dos livros caiu no chão e foi embebido pelo sangue do mártir. Quando ele foi retirado pela manhã, descobriram que o livro era *El Dios crucificado*. A mesma informação me foi dada por carta por um jesuíta alemão, que acrescentou fatos ao relato. Dois anos depois, fiz a minha própria viagem de peregrinação aos túmulos dos mártires em El

---

59. CASTILLO, J. M., Los pobres y la teología, p. 71.
60. CASTILLO, J. M., Los pobres y la teología, p. 81.
61. Para um aprofundamento desta questão, sugerimos: SOBRINO, J., Fora dos pobres não há salvação.

> Salvador. Eu vi ali meu livro embebido de sangue, protegido por um vidro, como um símbolo do que antes realmente aconteceu ali.[62]

Nesse símbolo, nessa relíquia, está presente a face do Deus crucificado naqueles que assumem as consequências da cruz de Cristo pela libertação dos excluídos. Esse encontro foi marcante para Moltmann. *O Deus crucificado*, enquanto obra teológica, que passa pelo crivo da cruz toda a teologia, se torna símbolo do martírio de homens e mulheres que, como Cristo, se solidarizam com os crucificados e abandonados da história.

É o alcance que a perspectiva da cruz do Ressuscitado lança, igualmente, para a teologia de Moltmann e tantos outros teólogos e teólogas alemães. Para estes, Auschwitz é uma sombra que só pode ser entendida a partir do Deus sofredor e solidário. Dorothee Sölle chega a declarar seu repúdio a toda teologia ilibada, sem conexão com a realidade, que diz sempre a mesma coisa de modo diverso: "não posso compreender como uma teologia depois de Auschwitz possa permanecer igual à primeira".[63] Fazer teologia, como serviço da esperança, não pode ser uma teorização sem eco na realidade onde nasce. Teologia não é abstração pura e simples, mas reflexão, compaixão, transformação. Para Moltmann, fazer teologia significa tirar as consequências do discurso de Deus para a atualidade e vice-versa. Isto lança luzes para o atual serviço teológico, que não deve se perder em repetições, mas se traduzir em atualizações e avanços. Teologia é processo, é um caminhar dinâmico para frente, que atualiza os passos dados.

A pobreza e as estruturas de poder que confinam milhares de pessoas ao mundo dos sem-vida são a Auschwitz da América Latina. Nesses dois lugares, a fé cristã deve irromper como esperança, para além da perspectiva existencialista e triunfalista, capaz de mover estruturas, capaz de se enraizar na história e apontar para o futuro de Deus no Crucificado ressuscitado que vem.

Por fim, trazemos um engajamento acadêmico-pastoral de Moltmann na Nicarágua, nos anos de 1991 a 2008. Em 1996, tomou parte da fundação da primeira universidade evangélica da América Central. Assim Moltmann narra seu amor e encanto por esse lugar, onde por 17 anos dedicou-se a ensinar teologia, ao mesmo tempo em que lecionava na Alemanha: "Eu aprendi a amar a terra dos vulcões e das lagunas, entre o Pacífico e o Atlântico. Eu valorizo muito o pobre e corajoso povo da Nicarágua que a si mesmo libertou-se do ditador Anastácio Somoza".[64]

---

62. MOLTMANN, J., Vida, esperança e justiça, p. 19.
63. SÖLLE, D., Dorothee Sölle, p. 29.
64. MOLTMANN, J., Vida, esperança e justiça, p. 19.

O contato e a experiência acadêmico-pastoral de Moltmann com a América Latina e sua Teologia da Libertação foram ocasião de enriquecimento em seu itinerário teológico. "Estes são os meus três pontos de contato com a América Latina. Eles influenciaram minha reflexão teológica e acompanharam minha vida".[65] Reciprocamente, sua teologia influenciou a reflexão teológica produzida na América Latina.[66]

1.2. O Deus promitente e fidedigno

A questão da teodiceia, ao longo da tradição do cristianismo, encontrou diversas tentativas de respostas. Nenhuma conclusiva. Como afirma Moltmann, com razão: é *"uma ferida aberta da existência* neste mundo".[67] Em cada uma dessas tentativas estão implícitas uma certa concepção de Deus, história e humanidade. E, inevitavelmente, as reduções da ação de Deus no âmbito de cada resposta. Tomamos, por exemplo, a síntese que Moltmann faz da abordagem da teodiceia feita pelos santos padres:

> Os Padres da Igreja, de modo geral, seguiram em tudo a doutrina rabínico-paulina, segundo a qual o sofrimento e a morte são o *castigo pelo pecado* do homem, imposto por Deus. "O salário do pecado é a morte" (Rm 6,23). Pelo fato de que todos os homens devem morrer, a morte comprova a universalidade do pecado. Tal redução do sofrimento e da morte ao pecado conduz à consideração de que o início da salvação reside no perdão dos pecados. Nesse caso, dois são os passos pelos quais se completa a redenção do homem: pelo sacrifício da morte de Cristo na cruz é vencido o pecado dos homens, por obra da graça; pela futura ressurreição dos mortos, serão vencidas as consequências do pecado, o sofrimento e a morte, por obra do poder divino.[68]

Tomando o pecado como causa do sofrimento e da morte, se reduz a encarnação do Verbo apenas como satisfação da ofensa do ser humano a Deus pelo autossacrifício de Cristo. Toda a sua vida e seu evento pascal ganham contornos redutivos e, em certo ponto, sádicos. No fundo dessa perspectiva está a questão do mal e a sua incompatibilidade com a ideia de Deus. Para salvaguardá-la do

---

65. MOLTMANN, J., Vida, esperança e justiça, p. 19.

66. Este mútuo reflexo entre a teologia latino-americana da libertação e a teologia de Moltmann pode ser encontrado de modo específico em: KUZMA, C., O futuro de Deus na missão da esperança.

67. MOLTMANN, J., Trindade e Reino de Deus, p. 6.

68. MOLTMANN, J., Trindade e Reino de Deus, p. 63.

mal, tendo em vista a missão da fé cristã no horizonte helênico e em contato com a estrutura de pensamento grego, se percorreram as vias dualistas – não obstante esforços contrários à época – que, a partir da antropologia, são colocadas em relação de oposição tempo e eternidade, corpo e alma, história e salvação.[69] Fica de fora um pressuposto fundamental da revelação cristã: Deus é amor incondicional. O Deus bíblico, o Deus de Jesus não é o deus grego impassível e imóvel.

Qual é, então, a imagem de Deus que desponta a partir do grito por Ele em meio ao sofrimento no mundo? Sendo o grito por Deus a manifestação de vida em meio aos sinais de morte, como a ação desse Deus irrompe na história e a move em direção ao seu futuro, ou seja, à superação desses sinais de morte? Que Deus suscita esperança?

Pretendemos, com essas perguntas, nortear o desdobramento seguinte sobre a revelação de Deus como promitente, e a fundamentação da esperança feita por Moltmann no Deus promitente. Temos aí o Deus promitente e fidedigno, que dá suporte à esperança, essa virtude que foi por ele postulada como protagonista da teologia. Num primeiro momento, refletiremos sobre o dado da promessa, uma temática fundamental para nosso autor. Em seguida, a partir do seu entendimento sobre a categoria de julgamento, apontar para a universalização escatológica da promessa divina. São passos importantes para, na sequência dos próximos capítulos, refletir sobre a compreensão moltmanniana de Deus e o enunciado escatológico desta compreensão.

1.2.1. A revelação de Deus pela via da promessa

Para Moltmann, a revelação de Deus é fundamentalmente escatológica, o que vai além da possibilidade ou não de se demonstrar Deus, as chamadas provas da existência de Deus. Toda revelação de Deus tem uma reserva escatológica, tem futuro. O rumo da promessa, o futuro de Deus, deve orientar a reflexão sobre a revelação de Deus:

> Uma coisa é perguntar: onde e quando o divino, o eterno, o imutável e o primordial se tornam manifestos (epifânicos) no humano, no tempo e na história? Outra coisa totalmente diferente é perguntar: quando e onde o Deus da promessa revela a sua fidelidade e, nela, a si mesmo e a sua realidade? A primeira pergunta se refere à presença do eterno, a outra tem em vista o futuro do que foi prometido. (...) A questão da compreensão do mundo a partir de Deus, e do ser humano, a partir de Deus – que é a preocupação

---
69. DUSSEL, E., El dualismo en la antropología de la cristiandad.

das provas de Deus – só pode ser respondida quando se sabe de qual Deus se está falando, do modo, do propósito e da tendência com que se revela.[70]

Torna-se manifesta, nesta compreensão abrangente da revelação de Deus, recuperada por Moltmann a partir da investigação da teologia veterotestamentária recente com o dado da promessa, a ideia de que a aflição, como sinal de vida, faz eco ao futuro prometido de Deus. Deus, aqui, não é o eterno presente, que nada de novo tem a revelar, senão a si mesmo desde sempre. É neste sentido que podemos ler a crítica de Moltmann às adaptações com as quais a teologia moldou a revelação a partir da metafísica grega, ou das religiões de epifania. Vale destacar o seu comentário crítico às teologias da revelação de Rudolf Bultmann e Karl Barth:

> prestam muito pouca atenção ao fato de que as expressões referentes ao "revelar", nos escritos bíblicos, são arrancadas sempre de seu ambiente religioso original e empregadas em um sentido que vai em outra direção. Este sentido novo é determinado, sobretudo, pelo evento da promessa.[71]

A revelação nas religiões da epifania leva a uma autocomunicação de Deus ou à sua automanifestação na existência humana, mas sem um futuro. Deus é o Deus mesmo, imutável. O ser humano aí revelado é aquele original, para o qual é chamado a retornar. A história, se é que assim se pode falar, é cíclica, de eterno retorno. E o Deus dessa história é o eterno presente. O que seria essa outra direção que Moltmann destaca como o *onde* apontado na revelação de Deus pela via da promessa? O seu futuro, o éschaton. Deus se revela a partir de seu futuro. Não é o eterno presente, nem concebe a história como um eterno retorno, mas o irromper do seu futuro que move a história, que faz história, que faz do seu futuro o sentido da história, que torna escatológico o seu revelar-se.

Dito de um outro modo, para Moltmann não há revelação propriamente cristã que não seja escatológica e que, por isso mesmo, não tenha em si uma compreensão da história que não seja aberta. Na palavra da promessa, fundamento da esperança, está a verdade de Deus.[72] Qualquer revelação que não tenha futuro, mas que se trate de um eterno do mesmo compreendido de modo diverso, seja por condicionamentos psicológicos ou sociais, carece de sua especificidade cristã.

O ponto-chave desta compreensão da revelação a partir da linguagem da promessa é o evento pascal de Cristo, *anunciado* e *esperado*, pois,

---

70. MOLTMANN, J., Teologia da esperança, p. 62-63.
71. MOLTMANN, J., Teologia da esperança, p. 65.
72. MOLTMANN, J., Teologia da esperança, p. 59.

se o "destino" da ressurreição de Jesus foi só o acontecimento prévio do fim de toda a história e a antecipação do "destino" de todos os seres humanos, então o Jesus ressuscitado não teria futuro algum. Não seria a ele mesmo que a Igreja, que o confessa, esperaria, mas simplesmente a repetição do seu destino nela mesma. Esperaria que nela se repetisse o que já aconteceu com Jesus, mas não esperaria um futuro para o ressuscitado.[73]

A história em ação e o futuro não são algo de antemão traçados, apenas aguardando ou realizando todos os protocolos. A espera promovida pela ressurreição de Cristo não se trata de uma espera passiva do cumprimento do que está determinado. O ressuscitado é a "ressurreição e a vida e que, por conseguinte, os crentes acharão seu futuro *nele*, e não somente *como ele*".[74] A ação cristã se converte de autopreservação para o fim em missão para o futuro aberto de Deus.

Neste sentido, a história é concebida como provisória e se desenrola no horizonte de promessas. "Em tal horizonte de promessas lembradas e esperadas, os acontecimentos experimentados se tornam realmente 'históricos'".[75] As promessas lembradas e esperadas dão conta da fidelidade de Deus que aí se revela. São o irromper do futuro de Deus em ação, que se manifesta contraditório ao que aí está estabelecido, que não se dá numa acomodação da história. Os fatos históricos não são realidades fechadas, mas fecundadas por um sentido que se dá a entrever na linguagem da promessa, o sentido do futuro de Deus irrompido e esperado. O já e o ainda não:

> Não só as palavras da promessa, mas os próprios acontecimentos, à medida que, no horizonte da promessa e da esperança, são trazidos à consciência como acontecimentos "históricos", mostram em si algo que ainda está ausente, inacabado e não realizado. (...) Os fatos históricos nunca podem ser considerados como processos fechados em si mesmos, que tiveram seu tempo e que de si mesmos tiram sua verdade. (...) Os acontecimentos recordados como "históricos" não têm, portanto, sua verdade última em si, mas a recebem somente da meta da promessa, feita por Deus, e que só dele deve ser esperada.[76]

Os acontecimentos históricos do povo da bíblia foram sempre entendidos como herança a ser transmitida, justamente pela reserva escatológica presente ne-

---

73. MOLTMANN, J., Teologia da esperança, p. 113.
74. MOLTMANN, J., Teologia da esperança, p. 113.
75. MOLTMANN, J., Teologia da esperança, p. 144.
76. MOLTMANN, J., Teologia da esperança, p. 144.

les, e que, por isso mesmo, aponta para o futuro. "Pelo fato de, na história vivida, estar oculto algo que transcende a história em sua 'eventualidade' e se orienta para o futuro, essa história sempre deverá ser lembrada, tornada presente e ser explicada a outras gerações".[77] A promessa realizada, que é entendida como acontecimento histórico, não se fecha em si mesma como absoluto de sentido. Ela dá conta da fidelidade de Deus, mas justamente por ser revelação da fidelidade de Deus, tem nela uma reserva escatológica ou, nas palavras de Moltmann, deixam "sempre um saldo que aponta em direção ao futuro".[78] Deus revela-se como ser de futuro, não como eterno presente da metafísica grega.

Retirar a condição de futuro de toda revelação de Deus que se dá na linguagem da promessa anunciada, realizada e esperada significa cair na armadilha do impasse entre Deus e o mal, mundo e salvação. Em suma, tratar-se-ia de um outro deus que não o Deus cristão. "Quando a revelação de Deus não é mais vista à luz da promessa e da missão, começa-se, por exemplo, a refletir sobre a essência divina eterna, imutável e absoluta da divindade".[79] Qualquer que seja a reflexão sobre Deus, o discurso sobre Deus que se estrutura de modo fechado, que tem a história com sentido em si mesma e não aberta ao futuro irrompido na linguagem da promessa, não encontra eco na revelação cristã de Deus.

É aqui que poderemos dar o seguinte passo, essa compreensão da revelação de Deus que traz em si uma reserva escatológica perante o sofrimento. No fundo, o desenvolvimento do encontro com o Crucificado ressuscitado, com aquele que vem e é a vida que vence a morte e destrói os seus sinais. "O conhecimento do: 'Eu sou Javé', e o conhecimento de sua glória, a ser realizada, são uma só, e a mesma, coisa".[80] A revelação de Deus não é concebida na relação de causa e efeito, mas na demonstrabilidade gratuita histórica de sua fidelidade. Deus revela mais que a si mesmo: "o nome de Deus e as promessas no nome de Deus não são, portanto, simples fórmulas de autoapresentação, mas comunicam algo 'além de Deus', pois nelas Ele se compromete em favor deles para o futuro".[81]

Quando Moltmann exprime, a partir de sua teologia biográfica, que não somente o pós-guerra, mas o horror em ação da guerra também é lugar da revelação de Deus, avança para a perspectiva de que Deus não é um ser supra-histórico, que esta vida de suas criaturas não lhe é indiferente:

---

77. MOLTMANN, J., Teologia da esperança, p. 145.
78. MOLTMANN, J., Teologia da esperança, p. 146.
79. MOLTMANN, J., Teologia da esperança, p. 147.
80. MOLTMANN, J., Teologia da esperança, p. 155.
81. MOLTMANN, J., Teologia da esperança, p. 156.

> Deus não só é conhecido no termo da história, mas em meio à história, enquanto ela acontece, aberta e orientada para o processo das promessas. Por isso, tal conhecimento sempre deve estar consciente das promessas feitas e da fidelidade do Deus que apareceu, continuando a ser, ao mesmo tempo, um saber peculiar em esperança.[82]

O dado hermenêutico relevante para compreendermos a revelação de Deus na história é a abertura. Deus, ser humano e história são abertos para o futuro. O Deus fechado em si mesmo não cria e, se cria, o faz por puro arbítrio, o que contradiz sua revelação como amor. O Deus fechado em si mesmo não vê o sofrimento de seu povo e não desce para libertá-lo, para dizer seu nome, caminhar e habitar com ele (Ex 3). Não seria afetado pelo mundo que criou. Não se comoveria a partir de suas entranhas pelo sofrimento de sua criação. A história, entendida como dinâmica aberta ao novo, ao futuro, é lugar da atuação amorosa de Deus e livre do homem e mulher em sua correspondência a esse amor. Segundo a exegese acolhida por Moltmann, a história é uma sucessão de promessas realizadas e lançadas escatologicamente. É uma tensão para o futuro que compromete o presente como atuação de transformação. Dizer que no decorrer da história Deus se faz conhecer significa que Ele se relaciona com as pessoas, que esse mundo e essa história acontecem em seu mistério, sempre aberto ao novo. Exatamente por isso é um saber em esperança. Deus é promitente e fidedigno. E é nesta compreensão de Deus que a teologia entende a fé cristã como fundamentalmente escatológica.

Metz afirma haver da parte de Deus "uma transcendência para baixo, ao lugar de onde não existe mais que o desespero ou justamente o grito desde o profundo"[83]. Essa afirmação corrobora a sua tese de que cabe à fé cristã manter viva a memória dos sofrimentos alheios, a memória da paixão da humanidade e nela a paixão de Deus. A *memoria passionis* é memória de todos os injustiçados na memória do Crucificado ressuscitado. Nesta *descida transcendental de Deus* abandona-se a desgastada noção de onipotência divina. "A ideia de que vive um crucificado"[84] retoma essa noção da revelação fundamentada por Moltmann na promessa e fidelidade de Deus.

Se Metz fala de uma *transcendência para baixo* como lugar revelador de Deus, Moltmann afirma que o "conhecimento de Deus é assim um conhecimento

---

82. MOLTMANN, J., Teologia da esperança, p. 157.
83. METZ, J. B., Memoria passionis, p. 105.
84. DÍAZ, ¿Qué decimos cuando hablamos de Dios?, p. 143.

que impele para frente – não para cima – para coisas ainda não válidas, não existentes".[85] Em suas palavras:

> "Conhecer a Deus significa sofrer Deus", diz uma sentença antiga. Ora, sofrer é ser mudado e transformado. Por conseguinte, o conhecimento de Deus é uma ciência antecipatória do futuro de Deus, um conhecimento pela fidelidade de Deus, confiado às esperanças, que serão chamadas à vida pelas suas promessas.[86]

O que é esperado na revelação de Deus? A realização de sua glória, por conseguinte, a realização da justiça e o estabelecimento do amor. O conteúdo dessa espera, Deus e seu futuro, expresso na linguagem da promessa, requer que essa mesma espera se dê de modo ativo, um irromper que move na direção do futuro irrompido, prometido, realizado, mas não esgotado. "A esperança, quando se agarra às promessas, (...) não só espera 'nele' [Deus mesmo] de modo personalista, mas concretamente em seu senhorio, em sua paz e em sua justiça aqui na terra".[87]

1.2.2. A universalidade escatológica da promessa

Neste tópico, nos perguntamos sobre a universalidade da promessa de Deus, que rompe todos os limites espaciais e temporais. Moltmann reflete sobre esta abertura universal a partir da interpretação profética da história de Israel, na realização da promessa, no seu julgamento e no novo apontado nas novas alianças.[88]

Quando o povo de Israel perde a Terra Prometida, com a invasão de outros reinados, os profetas interpretaram este fato como um julgamento divino sobre o pecado do seu povo e como um julgamento universal, pois "Deus julga tudo o que é injusto, mesmo nos povos que não conhecem sua lei".[89] Com isso, os profetas viam esse fato trágico da história do povo de Deus como um novo irromper do futuro de Deus. Também na perda e no sofrimento daí decorrentes, Deus revela-se a esse povo a partir do seu futuro.

Em que consiste a revelação do futuro de Deus nas experiências de julgamento da história vivida até então com o seu povo? Segundo Moltmann, consiste na glorificação de Deus na justificação de todos os povos. A reflexão acerca do julgamento divino sobre a história até então vivida por Deus com o seu povo abre,

---

85. MOLTMANN, Teologia da esperança, p. 157.
86. MOLTMANN, Teologia da esperança, p. 157.
87. MOLTMANN, J., Teologia da esperança, p. 159.
88. MOLTMANN, J., Teologia da esperança, p. 165-180.
89. MOLTMANN, J., Teologia da esperança, p. 170.

assim, o horizonte de compreensão da ação salvífica desse mesmo Deus, que alcança a universalidade dos povos e de suas histórias. É desse modo que Moltmann lê a participação de outros povos na história de Israel: "ao morrer politicamente, Israel traz os povos para dentro da ação e do futuro de seu Deus. É precisamente assim que as ameaças e as promessas de Javé, referentes ao futuro, são tiradas de sua limitação histórica ao único povo de Deus e se tornam escatológicas."[90]

A morte política de Israel não representou a sua morte enquanto povo. Porém, abriu a sua eleição como possibilidade para todos os povos. Nestas experiências de julgamento brotam novas alianças, segundo a perspectiva profética de Israel, ganhando um tom de universalidade, quando a promessa e o futuro de Deus não se confinam ao espaço do povo eleito, mas se abrem a todos os povos, que são seus povos. Desponta dessa abertura não um mero restabelecimento do que foi perdido, mas o novo contido nas alianças estabelecidas.

Aprofundando esta perspectiva escatológica das experiências do povo de Israel com Deus, experiências que se abrem aos outros povos, entendemos que a perda da Terra Prometida, a destruição e o exílio constituem muito mais que castigos de Deus infligidos ao povo por causa de seu pecado. Do ponto de vista teológico, não se entende essas experiências negativas apenas como ausência de Deus quando se reflete sobre o mistério da cruz de Cristo e o seu sofrimento solidário com a criação. Retirando a necessidade do pecado para a vinda de Deus, e abrindo espaço para o amor gratuito daquele que, por ser amor, se abre em comunhão com a sua criação, essas situações contraditórias são assumidas na perspectiva de superação:

> A salvação aparece na derrota de Deus por Deus, na vitória do Deus salvador e vivificador sobre o Deus julgador e destruidor, na derrota da ira de Deus pela bondade de Deus. Quando isso é aplicado aos seres humanos atingidos, deve-se dizer que a ação salvífica futura de Javé se manifesta na superação das experiências de julgamento, na superação de fome e pobreza, de humilhação e sofrimento, das guerras entre os povos, do politeísmo e da idolatria, e, finalmente, da morte no abandono de Deus.[91]

A promessa que nasce das novas alianças de Deus com seu povo e que ganham aí um caráter irrevogavelmente universal apontam para a sua realização na história do Filho. O Crucificado ressuscitado é a derrota de Deus por Deus na perspectiva do julgamento – se entendermos aqui a morte como próprio juízo

---

90. MOLTMANN, J., Teologia da esperança, p. 170.
91. MOLTMANN, J., Teologia da esperança, p. 173.

divino – pois o horizonte limitador da morte é rompido. E mais, irrompe o futuro prometido de Deus. Cristo é o ponto crucial da revelação de Deus.

A destruição política do povo de Deus, e a sua sobrevivência enquanto *povo de Deus* pela perspectiva do julgamento de Javé, no estabelecimento de um povo universal que denota o senhorio de Deus sobre toda a história, encontra o seu correlato escatológico na vitória de Deus sobre a ação devastadora do mal sofrida em Deus pela ressurreição do Crucificado. Aqui se manifesta o senhorio de Deus sobre a morte. Podemos dizer que se estabelece a ruptura de todos os limites, o verdadeiro irromper do futuro de Deus sobre a história e sobre o cosmo. Irromper que gera esperança e que faz mover a história e o cosmo na direção do futuro de Deus.

A universalidade escatológica da promessa de Deus encontra em Cristo sua inauguração, e no Espírito Santo seu processo de concretização. Não somente a história, mas todo o cosmo é alcançado no sofrimento e glorificação de Cristo. Nas palavras de Moltmann:

> A revolução profética no mundo dos povos se amplia para a revolução cósmica de todas as coisas. No sofrimento escatológico do Servo de Deus são inseridos não somente os mártires, mas toda a criação participará do sofrimento do fim dos tempos. O sofrimento se torna universal e põe fim à suficiência do cosmo, e a alegria escatológica ressoará em um "novo céu e em uma nova terra".[92]

O que está aqui implicado é a radical universalidade da ação da promessa de Deus, fundamento da esperança, que não se limita à história desse ou daquele povo, nem à história universal dos povos, pois toda a realidade criada é atingida pela esperança do futuro de Deus. A habitação de Deus junto a seu povo, na caminhada do êxodo, prefigurou a plena realização dessa habitação de Deus na ressureição de Cristo e no dom do Espírito Santo. Um por todos, o povo de Deus experimentou a realização e o julgamento das promessas divinas. Um por todos, Cristo venceu a morte e inaugurou o futuro da glorificação de Deus em sua criação por obra do Espírito Santo.

Em suma, o cosmo e a história não se bastam a si mesmos. Eles estão radicalmente abertos ao futuro de Deus e encontram o seu sentido de ser a partir deste futuro. Por outro lado, o futuro de Deus não é uma sobreposição a este mundo, que venha a justificar uma atitude de fuga ou resignação para a fé cristã. Irrompe neste mundo como uma novidade, que não vem restabelecer qualquer ordem

---

92. MOLTMANN, J., Teologia da esperança, p. 179-180.

perdida, mas inaugurar a plenitude da graça para este mundo. Aqui se radica a universalidade escatológica da promessa de Deus. Nela se fundamenta a esperança, pois Deus é fidedigno, salva e cria por fidelidade ao seu amor.

Concluímos nossa reflexão destacando que, para Moltmann, a história do mundo em seus aspectos político, social e econômico é o lugar onde se coloca a questão do protagonismo teológico da esperança na reflexão sobre a revelação de Deus e no agir transformador da história a partir da linguagem da promessa. O contato com a temática da esperança na filosofia levou Moltmann a propor a esperança como *sujeito* do pensar teológico.[93] É uma teologia do agir em esperança que assume a cruz da realidade na perspectiva do ressuscitado, que se propõe superar o "existencialismo generalizado do período pós-guerra",[94] que de certo modo limitava o horizonte da compreensão de Deus, do ser humano e da história.

Diante do colapso das certezas, evidenciado num fechamento radical ao diferente e pela crescente aversão à fé cristã, aos conteúdos e práxis da esperança, qual o rosto de Deus capaz de provocar a esperança e com o qual podemos dialogar com a sociedade plural? Nas palavras de Moltmann: "o Deus do êxodo e da promessa, o Deus do despertamento de Cristo e do espírito da ressurreição em nós era e é a base e o motivo da esperança ativa, na história, e perseverante no sofrimento".[95]

O Deus promitente e fidedigno é amor que toma sobre si o não ser para que seja.[96] É aquele que remete o ser humano ao que há de vir, que tem o futuro como propriedade do seu ser, cuja revelação é irrupção para fora do presente em direção ao futuro. Esta revelação é um processo que se dá a partir do fim, a partir do futuro, como tensionador da história e do cosmo. É este Deus revelado que leva a responder positivamente a questões como: diante dos horrores da guerra é possível crer em Deus? É razoável? No passado, se perguntava se era possível não crer em Deus. Hoje, como se posta tal pergunta fundamental para a teologia? Como não falar de Deus depois de Auschwitz?[97] O Deus promitente e fidedigno lança luzes a realidades que essas perguntas não alcançam, pois não

---

93. MOLTMANN, J., Teologia da esperança, p. 21. Trata-se aqui da filosofia de E. Bloch, que aborda a esperança em sua obra Princípio esperança. Resumidamente, Bloch entende que a história caminha na esperança, como uma utopia, uma esperança sem transcendência, ao passo que Moltmann entende esse caminhar em esperança como transcendência. O encontro de Moltmann com a filosofia da esperança de E. Bloch está descrito e aprofundado em: KUZMA, C., O futuro de Deus na missão da esperança, p. 96-101.

94. MOLTMANN, J., Teologia da esperança, p. 20.

95. MOLTMANN, J., Teologia da esperança, p. 21.

96. MOLTMANN, J., Teologia da esperança, p. 48.

97. MOLTMANN, J., Teologia da esperança, p. 13.

só torna possível falar de Deus, ou mesmo obrigatório falar de Deus, mas que Ele se revela na história de sofrimento do ser humano e sofre o seu sofrimento como Deus. E deve ser adequadamente compreendido neste horizonte, que traz o seu futuro para este mundo.

Diante do caminho percorrido, avançamos para o passo seguinte. Como se dá o sofrimento em Deus no evento da cruz de Cristo? Poderíamos dizer que a redenção se dá a partir do futuro de Deus que se desdobra em amor e que faz esse irromper na cruz do Ressuscitado?

Capítulo 2 | A compreensão moltmanniana de Deus

O encontro do cristianismo com a cultura grega trouxe um elemento novo à tradição teológica, uma vez que, para se fazer compreensível, a fé cristã foi traduzida não apenas para a língua, mas igualmente para as estruturas do pensamento grego, em diálogo com a sua metafísica. Esforços como os de Santo Irineu de Lion, Santo Hilário de Poitiers, Santo Agostinho, bem como os dos demais padres da Igreja nos primeiros séculos seguintes ao testemunho apostólico, e na Idade Média com Santo Anselmo, Santo Tomás de Aquino e outros apontam nesta direção.

Porém, ao longo desses dois milênios a teologia tem caído nas armadilhas do dualismo antropológico e com a consequente relação de oposição entre Deus e Deus mesmo, entre Deus e mundo, Igreja e sociedade. O discurso sobre Deus foi e é profundamente afetado neste horizonte de compreensão, tornando-se mais propriamente um discurso sobre a divindade, não obstante as tentativas mais ou menos aproximadas do testemunho bíblico de Deus.[98]

No horizonte de compreensão de mundo da cultura grega, especificamente o neoplatonismo dos séculos III e IV da era cristã, o ser divino é demonstrado na relação de oposição entre finitude e infinitude, passividade e impassividade, a partir da pergunta sobre a origem dos deuses e do cosmo.[99]

A teologia cristã, para falar de Deus, deve partir de Jesus Cristo. Ele, o Filho, revela a Trindade. O cristianismo se edifica a partir desta original profissão

---

98. SATTLER, D.; SCHNEIDER, T., Doutrina sobre Deus, p. 80-113. Os autores deste artigo trazem uma abordagem histórico-dogmática do desenvolvimento da doutrina sobre Deus ao longo dos dois milênios da fé cristã, em diálogo com as filosofias de cada época. Neste desenvolvimento, noções metafísicas tornaram-se premissas da compreensão cristã de Deus no desenvolvimento teológico.

99. SATTLER, D.; SCHNEIDER, T., Doutrina sobre Deus, p. 80-83.

de fé, ou seja, Deus é Trindade na Unidade e Unidade na Trindade, conforme o testemunho neotestamentário e a longa tradição teológica que tem se debruçado sobre esta temática fundamental, procurando em cada época dar razões da esperança, seja no combate às heresias cristológicas dos primeiros séculos,[100] seja no árduo trabalho de fundamentação da práxis cristã e no imprescindível diálogo com as demais ciências. A finalidade desta revelação é o convite à humanidade, e nela a toda a criação, de tomar parte da comunhão divina, comunhão de amor que a tudo fundamenta e plenifica; em suma, a salvação do ser humano (DV n. 6).

Hans Kessler afirma que o centro da fé cristã é uma pessoa, não uma ideia, e essa pessoa, Jesus Cristo, "dá a chave para todo o resto: para a compreensão de Deus, de ser humano e de mundo, de revelação, graça e redenção, de comunhão eclesial e sua ação, de futuro, de ética cristã e de prática de vida cristã".[101] Na mesma direção, segundo Bento XVI, "ao início do ser cristão, não há uma decisão ética ou uma grande ideia, mas o encontro com um acontecimento, com uma Pessoa que dá à vida um novo horizonte e, desta forma, o rumo decisivo" (SS n. 1). Como podemos observar, em Jesus Cristo se dá a revelação de Deus. Ele é o Filho que revela o Pai pela história das relações entre Pai e Filho no Espírito Santo. E é este o caminho trilhado pela teologia trinitária contemporânea, que parte da cristologia para se compreender o mistério da Trindade. E, para Moltmann, esta revelação acontece no evento da cruz e ressurreição de Jesus Cristo, como desenvolveremos a seguir.

No capítulo precedente nos ocupamos da pergunta fundamental por Deus em Moltmann, que encontrou eco no grito de abandono do Crucificado. No evento da cruz de Cristo, o autor se deparou com um Deus capaz de sofrer, solidário às dores e angústias dos homens e das mulheres. E foi justamente esse Deus *descoberto* que o alcançou desde a tragédia da guerra até a apatia da prisão nos campos de prisioneiros ingleses, e que o despertou para a esperança, tirando-o do estado de resignação, para um estado de aflição e movimento. Se de todos os desmoronamentos vividos por Moltmann os que ficaram de pé foram a certeza de sua dor e o Crucificado abandonado com os abandonados e por eles, então é neste evento da cruz que se funda o mistério de Deus. E é este Deus promitente e fidedigno revelado pelo Crucificado ressuscitado que fundamenta a esperança.

Nos deteremos, neste capítulo, ao recorte do evento pascal de Jesus Cristo como revelação do mistério da Trindade em Moltmann, tendo como pano de

---

100. MOLTMANN, J., Trindade e Reino de Deus, p. 139. O nosso autor faz distinção entre origem – testemunho neotestamentário e liturgia batismal – e forma – na defesa contra as heresias cristológicas – da doutrina trinitária.

101. KESSLER, H., Cristologia, p. 220.

fundo o evento da cruz. Entendemos que a insistência de Moltmann em abrir suas reflexões com o seu testemunho pessoal de grito e procura por Deus, seja em suas obras, seja em palestras e conferências,[102] encontra aqui seu ponto central e o fundamento de sua teologia, conforme atesta:

> Eu pessoalmente me empenhei em compreender uma teologia da cruz, pensando-a trinitariamente, e compreender a doutrina trinitária através da teologia da cruz. Na intenção de compreender a morte do filho no seu significado para o próprio Deus, obriguei-me a abandonar a distinção tradicional entre Trindade imanente e Trindade econômica, segundo a qual a cruz só entra na economia da salvação, mas não afeta a Trindade imanente. Por esse motivo é que, concordando perfeitamente, acolhi a tese de Karl Rahner: "A Trindade 'econômica' é a Trindade 'imanente', e vice-versa".[103]

A mútua implicação das teologias da cruz e da Trindade em Moltmann avança para a compreensão das consequências deste evento no seio da Trindade. A morte de Jesus na cruz, a partir da sua ressurreição, deixa de ter apenas um significado *para nós* e passa também a ter um significado *para Deus*. É nesta mútua significação que as relações entre Deus e o mundo ganham novo sentido, pois esse mundo afeta o mais íntimo de Deus, e o mais íntimo de Deus, que é amor criativo e convidativo, transforma este mundo a partir de seu futuro. Aquele que veio em seu amor é amor que se abre desde sempre. Na citação acima, densa de significação, Moltmann rechaça qualquer imagem de Deus que o identifique como imóvel, apático, impassível. Podemos aplicar uma consequência de uma teologia que entenda Deus com as categorias metafísicas elencadas: resulta desta imagem uma teologia e uma igreja narcísicas, que nada de relevante têm a apresentar à sua geração acadêmica e eclesial, e à sociedade como um todo, sobretudo no diálogo franco que têm o grave dever de estabelecer e participar com as demais ciências.[104]

Além de desconstruir a imutabilidade e apatia de Deus, Moltmann aponta para sua opção hermenêutica de compreender a doutrina trinitária a partir da

---

102. Nos dias 19 a 21 de setembro de 2016, Moltmann esteve na Faculdade Unida, em Vitória – Espírito Santo, para participar como palestrante de um seminário internacional de teologia, promovido pela faculdade, com a temática: Vida, esperança e justiça: Jürgen Moltmann e a América Latina. Sua conferência de abertura abordou a temática: Tu me conduzes sempre pelo espaço abrangente de tua graça. Uma teologia construída em diálogo com a vida. Kuzma aponta uma outra tradução para a expressão germânica *Weiter Raum*, como lugar espaçoso. *Weiter Raum* é uma expressão muito significativa nos escritos de Moltmann, e pode-se compreendê-la como a chave hermenêutica da sua teologia biográfica, nesta primeira conferência. Sobre esta expressão ver nota de rodapé 30 em: KUZMA, C., O futuro de Deus na missão da esperança, p. 85.
103. MOLTMANN, J., Trindade e Reino de Deus, p. 169.
104. MOLTMANN, J., Trindade e Reino de Deus, p. 20-21.

história de Cristo, o Filho, conforme narrado pelo testemunho neotestamentário. A partir deste testemunho, nosso autor lê a história bíblica em chaves trinitárias, e dessa leitura tece a sua própria contribuição para a teologia. A Trindade, em Moltmann, afeta e é afetada pelo mundo. "A Trindade econômica não apenas revela a Trindade imanente, mas também retroage sobre ela".[105]

Partir desta opção hermenêutica leva a reconhecer que o discurso sobre Deus e a consequente doutrina trinitária não podem ser objeto de mera especulação, mas de uma experiência capaz de transformações pessoal, eclesial e social, pois na revelação do Filho a humanidade descobre esse Deus como aquele que é amor, e se descobre a si mesma nesta comunhão de amor de Deus e para a comunhão nesse mesmo amor com esse Deus. Nas palavras de Moltmann:

> quando o homem, pela fé, experimenta como Deus o experimentou e ainda o experimenta, então Deus para ele deixa de ser a causa abstrata do mundo ou a origem desconhecida do seu sentimento de total dependência, passando a ser o *Deus vivo*. A si mesmo se reconhece no espelho do amor, do sofrimento e da alegria de Deus.[106]

O conteúdo da doutrina trinitária não poderá nunca ser mera especulação. A revelação da Trindade é um evento aberto de comunhão. É nesta comunhão íntima e aberta que somos experimentados por Deus, pois no Filho feito humano, cuja encarnação fundamenta e retroage a criação em perspectivas soteriológicas, somos seus irmãos e filhos de seu Pai que, no Espírito, é o nosso Pai. A compreensão de Deus é visceralmente autoimplicativa. A Trindade é o Deus vivo, e convida a humanidade para participar de sua relação viva, amorosa, livre e libertadora. Nesta belíssima afirmação citada acima de que o ser humano "se reconhece no espelho do amor, do sofrimento e da alegria de Deus", poderemos compreender o significado dessas palavras de São Paulo, com as quais conclui o hino do amor: "hoje vemos como por um espelho, confusamente; mas então veremos face a face. Hoje conheço em parte; mas então conhecerei totalmente, como eu sou conhecido" (1Cor 13,12).

O testemunho neotestamentário da história de Cristo aponta para a necessidade de uma hermenêutica que, com honestidade, seja capaz de compreender o mistério da Trindade de modo integral, refutando qualquer justaposição entre Deus e mundo e uma tal redução da doutrina da Trindade a um *mono-*

---

105. MOLTMANN, J., Trindade e Reino de Deus, p. 169.
106. MOLTMANN, J., Trindade e Reino de Deus, p. 20.

teísmo cristão de cunho modalista.[107] É na história trinitária de Jesus Cristo que se funda a hermenêutica trinitária da história bíblica. E é esta hermenêutica, assumida por Moltmann, a que mais aproxima a compreensão cristã de Deus. Na história de Jesus Cristo, Deus não se revela a si próprio de modo genérico,

> mas sim é o Filho que revela o Pai (Mt 11,27), e o Pai que revela o Filho (Gl 1,16). Deve, pois, falar de "autoentrega de Deus", onde, segundo o testemunho neotestamentário, é Deus que "entregou o seu próprio Filho por nós" (Rm 8,32), e "foi o filho que se entregou a si próprio por mim" (Gl 2,20). (...) Por esse motivo, nós partimos do seguinte pressuposto: *O novo testamento fala de Deus, na medida em que narra e anuncia as relações comunitárias, extensivas ao mundo, entre o Pai, o Filho e o Espírito Santo.*[108]

Partindo do testemunho neotestamentário, Moltmann prefere a expressão autoentrega como mais apropriada que a expressão autorrevelação, pois esta deixa escapar uma certa "interpretação monoteísta"[109] na compreensão de Deus. Na realidade, os evangelhos e os demais livros do Novo Testamento apontam para a dupla entrega, que no fundo trata-se de uma só: a do Pai, que entrega o seu Filho e o Filho que se entrega em conformidade à vontade do Pai. Estas entregas se unem na perspectiva do amor, que é a mais profunda relação do Pai e do Filho no Espírito. Deus se entrega, doa-se a si mesmo, esvazia-se nesse doar para que o outro seja, plenifica com sua glória este ser criado para ser nele o seu tudo, que podemos entender como essas vivas relações trinitárias abertas e extensivas ao mundo.

Na história de Cristo a Trindade é revelada numa viva comunhão de *relações*,[110] em si mesma e com o mundo criado. Uma relação viva a tal ponto que Deus, revelado nesta história, é vivo e aberto ao mundo, cujas relações não são apenas exclusivas, mas inclusivas.[111] Neste sentido é que Moltmann afirma que "Deus não pode ser pensado apenas em seu significado para o mundo, e para a história humana. É preciso considerar também o mundo e a história humana na-

---

107. Moltmann aponta tais reduções nas teologias trinitárias de Barth e Rahner. Desse último, apesar de indicar que faz retroceder a doutrina trinitária ao monoteísmo cristão, caindo assim no modalismo que procurou evitar e criticar, acolhe o seu axioma fundamental, mas no sentido que a Trindade econômica não somente revela e se identifica, mas igualmente retroage sobre a Trindade imanente (MOLTMANN, J., Trindade e Reino de Deus, p. 149-159,169). Sobre a discussão e acolhida na teologia católica do axioma fundamental de Rahner, ver: LADARIA, L. F., O Deus vivo e verdadeiro, p. 37-52.

108. MOLTMANN, J., Trindade e Reino de Deus, p. 77-78.

109. MOLTMANN, J., Trindade e Reino de Deus, p. 77. Nosso autor entende que optar pela expressão autorrevelação tratar-se-ia de uma redução da história de Deus conosco como obra de um único sujeito.

110. São relações, porque não há um modelo fixo na ação conjunta das Pessoas (MOLTMANN, J., Trindade e Reino de Deus, p. 106).

111. MOLTMANN, J., Trindade e Reino de Deus, p. 85.

quilo que eles significam para Deus".[112] O mundo criado e a história humana são o mundo e a história da Trindade. Mas exatamente por ser de Deus, este mundo é aberto ao futuro de Deus. O tempo escatológico que aponta para o futuro em que "Deus será tudo em todos" (1Cor 15,12) foi inaugurado pelo envio do Filho.

A compreensão trinitária que brota desta constatação é que não se trata de um Deus indeterminado, uma substância suprema ou sujeito absoluto das filosofias grega e moderna, assumidas pela teologia em seu discurso sobre Deus ao longo da sua tradição.[113] Abre-se para a humanidade a eterna relação no amor do Pai e do Filho, e esta é chamada a participar e corresponder pela fé a este amor, mediante ação do Espírito Santo, pois é Ele quem "conduz os homens ao seio da comunidade do Filho com o Pai".[114] O Deus revelado no envio do Filho inclui a humanidade em suas recíprocas relações de comunhão: "Através do envio, a comunhão do Pai e do Filho se torna tão ampla, a ponto de estender-se aos homens, para que estes participem da filiação de Jesus e, no Espírito, invoquem o Pai".[115]

Tendo esses elementos como premissas, passaremos à compreensão do sofrimento em Deus no evento da cruz de Cristo. Deus, que é amor, sofre. Não é um Deus apático, mas apaixonado. Esta paixão de Deus é um modo concreto de amar e consiste num sentir com, é "um sofrimento ativo. Ou seja, o amor apaixonado exige que o próprio Deus entre em uma relação recíproca com outros, nos quais ele se dispõe a sofrer a ponto de doar e se dar por inteiro".[116] É o Deus em quem aquele que sofre pode encontrar correspondência e solidariedade, que no seu abandono se torna presente junto aos abandonados, destroçados pelo mal, entregues à morte. É o Deus crucificado. O discurso cristão sobre Deus passa por essa singular experiência de Deus no evento da cruz, iluminado pela ressurreição. Diante do drama da existência humana, "falar de um Deus impassível o converteria em um demônio. Por outro lado, falar de um Deus absoluto, o converteria em um nada destruidor. Falar, aqui, de um Deus indiferente, condenaria os homens à

---

112. MOLTMANN, J., Trindade e Reino de Deus, p. 110.

113. MOLTMANN, J., Trindade e Reino de Deus, p. 24-30,184.

114. MOLTMANN, J., Trindade e Reino de Deus, p. 88.

115. MOLTMANN, J., Trindade e Reino de Deus, p. 88.

116. ALMEIDA, E. F., O drama pascal na cristologia de J. Moltmann e as representações contemporâneas do sofrimento e da morte, p. 190. Citamos ainda outra pesquisa aproximada da compreensão de Deus em Moltmann, como o Deus que sofre, apaixonado: LEITE, F. G., Da apatia à compaixão. Nesta pesquisa, o autor analisa a compaixão de Deus em oposição à noção de um Deus apático, e entende que o ser cristão no mundo passa pela experiência da compaixão para com os que sofrem, em contrapartida à apatia que influencia a vida humana.

indiferença".[117] O Deus apaixonado, entregue na Cruz, sofre ele mesmo o absurdo do não Deus, o abandono, a morte.

Aprofundaremos o sofrimento de Deus na doutrina trinitária de Moltmann. Num primeiro momento buscaremos abordar o significado do abandono do Cristo na cruz em chaves trinitárias, em que o autor aplica a teologia da cruz à doutrina trinitária e vice-versa. Nesta compreensão de Deus, procura corrigir o monoteísmo geral no discurso cristão sobre Deus. A cruz está erguida na humanidade, em Deus e entre ambos. Concluiremos este capítulo sobre a compreensão moltmanniana de Deus com o significado da cruz na perspectiva do Ressuscitado. Paixão, morte e ressurreição é o evento revelador da Trindade na história do Filho. Deus se entrega como comunhão, abre sua relação para dela tomar parte a humanidade e a criação.

2.1. O *pathos* divino no silêncio de Deus na cruz de Cristo

O sofrimento de Deus e a morte *em* Deus,[118] ou melhor, a pergunta sobre o sofrimento de Deus, ou quem é Deus no sofrimento e morte do Crucificado abandonado e amaldiçoado por Deus só pode ser compreendida em chaves trinitárias. Uma imagem cristã de Deus que o identifica como substância suprema, sujeito absoluto, que fala mais de um monoteísmo que da Trindade, não é capaz de compreender o evento da cruz em Deus mesmo e, assim, esvazia a cruz de seu conteúdo fundamental. Muito menos se mantém de pé diante das contradições que o sofrimento humano, o sofrimento do inocente, impõem à ideia de bondade e amor em Deus.

Na história do cristianismo, a questão do sofrimento de Cristo foi abordada de várias formas, cada qual deixando transparecer uma certa imagem de Deus. O conteúdo central da fé cristã, que é a paixão e morte de Jesus na cruz e sua ressurreição, foi entendido de modo *inconsequente*, perdendo o seu cerne que é o evento trinitário revelado na cruz do Filho, restando *insuficiente* no levar a sério o que aconteceu entre o Filho e o Pai no abandono da cruz, quando se insistiu na redução desse evento ao mero sacrifício expiatório.

Na perspectiva teísta, fundamentada na metafísica, Deus é imutável, indivisível, impassível: "Morte, sofrimento e mortalidade devem, por isso, ser excluídas do ser divino".[119] Deus é compreendido a partir de sua essência deter-

---

117. ALMEIDA, E. F., O drama pascal na cristologia de J. Moltmann e as representações contemporâneas do sofrimento e da morte, p. 186.
118. MOLTMANN, J., O Deus crucificado, p. 256.
119. MOLTMANN, J., O Deus crucificado, p. 265.

minada metafisicamente. Pelas provas da existência de Deus se chega ao Deus sumamente bom, belo, justo. E a essência de Deus é a sua indivisível unidade. Deus é o fundamento de tudo. É o onipotente, diante do qual se colocam o mundo e o ser humano em sua finitude, impotência, sofrimento e morte. O mal e o sofrimento são carência de ser, algo que não poderia afetar Deus em sua impassibilidade e perfeição.[120]

O ateísmo se opõe frontalmente ao teísmo como um ateísmo de protesto. Usando a mesma lógica indutiva do teísmo, partindo do ver o mundo e as pessoas em seus sofrimentos, não chega a um Deus bom, "mas um demônio caprichoso, um destino cego, uma lei amaldiçoadora ou a vanidade aniquiladora".[121] Protesta contra essa imagem de Deus bom e justo, impassível e, por isso mesmo, incapaz de amar.

Qual seria o discurso do ateísmo de protesto?

> Um Deus que não pode sofrer é mais infeliz do que qualquer ser humano. Pois, um Deus incapaz de sofrer é um ser apático. Sofrimento e injustiça não o afetam. Impassível, nada pode ser [sic] afetá-lo ou movê-lo. Ele não pode chorar, pois não tem lágrimas. Quem não sofre tampouco pode amar. Logo, é um ser sem amor. O Deus de Aristóteles não pode amar, ele só pode ser amado por todos os seres não divinos, por causa de sua perfeição e beleza, atraindo-os dessa maneira para si.[122]

Para que serve um Deus que não se importa com as pessoas, principalmente em seu sofrimento? Serve apenas para empurrá-lo à escuridão da indiferença. Quantos discursos sobre Deus não passam de escárnio contra a realidade da vida de seus ouvintes, um discurso sádico e caduco! Quando compreendemos o Deus revelado na história do Filho como relação, como o Deus vivo, esta noção de impassibilidade perde sentido. Perde sentido também a insistência numa pregação vazia de compaixão, pois "o Deus vivo é o Deus que ama. O Deus que ama comprova sua presença amorosa em seu sofrimento".[123]

O Deus de Aristóteles não pode amar. Mas o Deus cristão é amor. "Nesse sentido, sim, ele é passível. Mas sofre em seu amor, que outra coisa não é senão a superabundância do seu ser".[124] Em seu amor e por ser amor Deus sofre, mas

---

120. MOLTMANN, J., O Deus crucificado, p. 314.

121. MOLTMANN, J., O Deus crucificado, p. 273.

122. MOLTMANN, J., O Deus crucificado, p. 276.

123. MOLTMANN, J., Trindade e Reino de Deus, p. 52.

124. MOLTMANN, J., Trindade e Reino de Deus, p. 37. Nota-se aqui a inversão conceitual. Sofrer por amor é superabundância de ser. A impassibilidade como atributo de Deus denota a sua carência de ser, portanto, sua insignificância.

não do mesmo modo que a sua criação.¹²⁵ A fé cristã não tangencia o sofrimento, pois preserva no núcleo de sua pregação a morte do Filho na cruz. Ao contrário, tanto o teísmo quanto o ateísmo de protesto não levam o mal e o sofrimento a sério, pois se assim o fizessem, esse deus apático, imóvel, impassível às custas do sofrimento do homem e da mulher seria um ídolo, e o grito de protesto por justiça seria um ato de esperança, e não de resignação e apatia que resta por colocar o ser humano onipotente no lugar de Deus.¹²⁶

Walter Kasper traz uma reflexão nesta mesma linha, indagando-se se é possível Deus sofrer, se é possível um Deus que seja "algo mais do que um Deus que contempla compassivamente o sofrimento",¹²⁷ perguntas que, como ele mesmo observa – e que encontramos correspondência em Moltmann –, não são meras especulações, mas uma decisão por um rosto de Deus capaz de sustentar a esperança, pois sofre com o ser humano para libertá-lo das amarras do mal. De modo ainda mais incisivo afirma:

> a *Bíblia* não conhece um Deus que reina apaticamente na glória e na beatitude do seu trono sobre um mundo cheio de horrores. De acordo com o Novo Testamento, aquele que tinha a condição divina assumiu em Jesus Cristo a condição de escravo, humilhando-se (Fl 2,6s.). Deus pode sentir conosco, é igual a nós em tudo exceto no pecado (Hb 4,15). Um Deus na cruz: isso era naquele tempo um escândalo e continua a sê-lo, sem dúvida, nos nossos dias. Uma tal mensagem é loucura aos olhos do mundo, mas constitui a sabedoria de Deus (1Cor 1,21.23).¹²⁸

A mais profunda profissão de fé que brota do evento da cruz de Cristo, e que se possa dedicar a Deus e dela tomar sérias e comprometidas consequências para o existir do fiel é afirmar que Deus é amor e que quem não ama também não conhece Deus (1Jo 4,8). O amor de Deus se volta em misericórdia para o ser humano em seu sofrimento, mas uma misericórdia que se concretiza em solidariedade, em *sofrer com*. Esta afirmação é um escândalo para uma concepção de Deus que pensa a onipotência divina sem o amor, como também se constitui como contradição a qualquer sociedade que não se fundamenta na solidariedade com os que sofrem, com os vulneráveis.

---

125. Como também observa Kasper, o sofrer de Deus é uma decisão própria, porque ele é amor (KASPER, W., A misericórdia, p. 153).
126. MOLTMANN, J., O Deus crucificado, p. 313-317. Aqui o autor apresenta a Teologia Trinitária da Cruz como superação do dilema teísta e ateísta acerca do sofrimento e Deus.
127. KASPER, W., A misericórdia, p. 150.
128. KASPER, W., A misericórdia, p. 151-152.

O Deus Amor é Trindade. Para Moltmann, no mistério trinitário e em chaves trinitárias compreendemos o alcance da cruz de Cristo para nós e para Deus.

A compreensão de Deus como Trindade, e não como um sujeito único na perspectiva de um monoteísmo geral, não é e nem foi tarefa tranquila para a fé cristã. Esta originalidade cristã não é transparente na vida dos fiéis e em muitas teologias e configurações eclesiais. E "é exatamente esse monoteísmo geral na teologia e na fé que está levando o cristianismo a uma crise de identidade".[129] Nesta mesma linha, Bruno Forte, ao tratar do exílio da Trindade na experiência religiosa dos cristãos, afirma que estes rezam *a* Deus, mas não rezam *em* Deus; que, embora a profissão de fé aponte para a Trindade, isto em nada interfere na vida prática, na piedade e na moral do fiel e que a doutrina trinitária se transformou mais em um problema de matemática, que uma questão do mistério da salvação.[130]

No esforço de sistematizar a fé no Deus único e trino, os clássicos tratados trinitários *de Deo uno* e *de Deo trino*, seja na teologia católica, seja na teologia protestante, apontavam mais para a supremacia de Deus em si como Uno, conhecido metafisicamente, sobre a sua Trindade de Pessoas, conhecido pela revelação.[131] Na mesma linha se encontrava a distinção entre Trindade imanente e Trindade econômica, presente na teologia dos capadócios, "entre o ser interior de Deus e a história da salvação como se fosse o original e a cópia, a ideia e a manifestação".[132]

Não foi diferente com a cristologia.

A doutrina das duas naturezas em Cristo levou a uma distinção entre aquele que é passível de sofrimento, sua humanidade, daquele que não sofre, sua divindade: "a cristologia tradicional aproximou-se bastante do docetismo, de acordo com o qual Jesus não teria realmente sofrido, mas apenas aparentemente, e não teria sido realmente abandonado por Deus e morrido".[133] Evidente que se trata de uma aproximação, pois os concílios cristológicos, mesmo tendo presente as barreiras intelectuais do conceito metafísico de Deus, não afirmavam a absoluta impassividade ou imutabilidade de Deus, mas apenas aquelas circunscritas nos

---

129. MOLTMANN, J., O Deus crucificado, p. 297.

130. FORTE, B., Trindade e história, p. 11 e seguintes.

131. Atualmente a compreensão trinitária de Deus passa não mais pelas afirmações metafísicas do Deus uno para chegar à Trindade, quase que deixando subentendido que há uma quarta hipóstase. Mas tem seu ponto de partida na história do Filho, em que esta divisão não se sustenta. Sobre este tema, ler: LADARIA, L. F., O Deus vivo e verdadeiro, p. 33-34.

132. MOLTMANN, J., O Deus crucificado, p. 301. Na sequência, Moltmann apresenta a contribuição de K. Rahner ao avançar na perspectiva da inadequação desta distinção, ao formular seu axioma fundamental.

133. MOLTMANN, J., O Deus crucificado, p. 285.

argumentos heréticos contra os quais se posicionaram. "A negação justificável de uma capacidade de sofrimento de Deus causada por uma carência em seu ser, não pode levar a uma negação de sua capacidade de sofrer a partir da plenitude do seu ser, *i.e.*, do seu amor".[134]

Estas distinções apresentadas, entre Deus e Deus e nas duas naturezas de Cristo, não dão conta do significado salvífico que brota do evento pascal. O testemunho neotestamentário não deixa sombras de dúvidas de que a morte de Cristo na cruz é uma morte em Deus. Neste sentido, tendo como base a teologia da cruz de Lutero, que é uma contraposição à teologia da glória vigente em seu tempo, mas indo além dela, Moltmann retoma o evento pascal de Jesus Cristo para, a partir dele, compreender a Trindade.

Na história do Filho encontramos o cerne da solidariedade de Deus com o seu outro não igual. Pelo envio do Filho, os homens e mulheres são adotados como filhos e filhas e, mediante o Espírito Santo, chamam Deus de Pai. Este envio abre as relações recíprocas do Pai e do Filho para a humanidade, que é chamada a tomar parte de modo recíproco nesta relação. O testemunho neotestamentário aponta o cumprimento das promessas de Deus feitas a Israel no instante em que Cristo é o Filho, pois "é submetido à lei, para salvar os que vivem sob a lei: os judeus. Redime-os no seio da sua própria existência e relacionamento divino: na filiação".[135] Este cumprimento, no entanto, tem uma dimensão universal, por estar aberto a toda humanidade e nela, a toda a criação.

Na entrega do Filho encontramos o sofrimento de Deus pelo mundo e com o mundo. Segundo Moltmann, existem dois aspectos da paixão de Jesus – um exterior e um interior:

> No aspecto exterior situa-se a rejeição de Jesus por parte das classes dirigentes do seu povo, como blasfemo, e sua execução pelos romanos, como perturbador da ordem mundial romana. No seu aspecto interior, encontra-se o abandono por parte de Deus, que ele havia chamado "*Abba*, meu Pai", e cujo reino paterno anunciara aos pobres. Nos padecimentos de Jesus, determinados pelo seu Deus e Pai, reside o caráter especial dessa paixão sobre o Calvário, no confronto com a história dos sofrimentos de tantos inocentes

---

134. MOLTMANN, J., O Deus crucificado, p. 289. Nas páginas seguintes, o autor apresenta a evolução do entendimento das duas naturezas na pessoa de Jesus Cristo, na teologia protestante, que procurou superar a barreira intelectual de que Deus não pode sofrer, bem como os limites, em Lutero, da oscilação da não distinção das Pessoas trinitárias no evento da cruz, que o fazia cair em paradoxos como Deus abandonou Deus.

135. MOLTMANN, J., Trindade e Reino de Deus, p. 85.

e justos. A história da paixão que ocorreu entre o Pai e o Filho é atestada pelos eventos do Getsêmani e do Gólgota.[136]

O aspecto exterior revela a paixão e solidariedade de Jesus com os últimos de seu tempo. As acusações que sofreu e pelas quais foi condenado à morte de cruz foram motivadas pelas suas palavras e ações que visavam testemunhar com autoridade um rosto de Deus diferente daquele que era anunciado pelos fariseus e mestres da lei.

Jesus afirmava ser aquele que cumpre perfeitamente a lei e os profetas ao cear com pecadores públicos, ao tocar e curar os enfermos, os leprosos, os aleijados – também no *Shabbat* – , ao admitir no discipulado mulheres, pessoas de má fama e rejeitados pela sociedade, ao chamar a Deus de Pai, o Pai dos rejeitados, o misericordioso com os pecadores e que convida seu povo de outrora a entrar na dinâmica desse seu reinado, não mais entendido como o reino de Senhor e servos, mas de filhos livres. Nas palavras de Giovanni Ancona: "As curas, os exorcismos, o perdão concedido aos pecadores, a proximidade com os últimos são a evidente razão da realeza salvífica de Deus que se torna presente e que não encontra um acolhimento tranquilo e benévolo nos interlocutores de Jesus".[137]

A religião da pureza ritual de ontem e de hoje não poderia nunca admitir tal compreensão de Deus e jamais ousaria uma relação filial com o mesmo Deus, até então temido como o vingador, cheio de ira e averso aos pecadores. Esta proximidade de Deus e de sua salvação nos gestos e opções de Jesus, conforme citado, encontrou estranheza entre os religiosos de seu tempo. A mesma postura de Jesus verificada em muitos cristãos e em alguns líderes religiosos não é bem vista por muitos "fiéis" de nosso tempo. Como exemplo, ganhou enorme estranheza e um análogo movimento de deposição papal o olhar pastoral do papa Francisco, a partir da *Amoris Laetitia*, para os divorciados que se casaram novamente, com o seu pedido aos pastores para que estes casais sejam integrados na vida e na comunhão da comunidade.[138]

Já o aspecto interior da paixão de Jesus revela a dor pelo abandono desse Deus que Jesus chamou de Pai, o Pai dos rejeitados e abandonados deste mundo. O Filho experimentou a rejeição do Pai, o seu abandono. Este Jesus, o Filho, que apaixonadamente anunciou o Reino vindouro do Pai como próximo, sofre a

---

136. MOLTMANN, J., Trindade e Reino de Deus, p. 88-89.

137. ANCONA, G., Escatologia cristã, p. 242.

138. Fazemos referência às oposições abertas de quatro cardeais da Igreja Católica contra o papa Francisco em relação a pontos específicos da *Amoris Laetitia* que, segundo eles, seriam contrários à tradição e doutrina da Igreja no tocante ao Matrimônio e à comunhão eucarística (PENTIN, E., Entrevista com Cardeal Raymond Burke).

paixão de sua ausência. No Getsêmani, Jesus suplica ao Pai para que o liberte do abandono, mas o Pai não o atende. "A angústia que o acometeu e rasga a sua alma é a dor por causa de Deus. O abandono de Deus é o 'cálice' que dele não passa. O silêncio terrível do Pai em face da súplica do Filho no Getsêmani é bem mais do que um silêncio mortal".[139] No Calvário, Deus é chamado de Deus, tamanha distância e abandono experimentados pelo Filho.

O que se quer indicar é que a dimensão dessa dor e angústia é delimitada e aprofundada pela revelação que o Filho faz do Pai em sua própria história. Em Moltmann, esse evento tem fortes implicações na Trindade. Não se trata apenas de um aspecto exterior, mas revela o interior das relações trinitárias afetadas pelo abandono do Filho pelo Pai. Em suas palavras:

> Neste abandono, o Filho sofre a dor da morte. O Pai sofre a morte do Filho. Por isso, à morte do Filho corresponde o sofrimento do Pai. E quando o Filho, nessa descida ao inferno, perde o Pai, então, nesse ato também o Pai perde o Filho. Aqui está em jogo o mais íntimo da vida da Trindade. Aqui o amor comunicativo do Pai converte-se em dor infinita pelo sacrifício do Filho. Aqui o amor correspondente do Filho converte-se em dor infinita pela rejeição e repúdio do Pai. O que acontece sobre o Calvário atinge profundamente a divindade e marca eternamente a vida trinitária.[140]

O Filho sofre o abandono por parte do Pai, no sentido de que neste seu abandono todos os seres humanos são alcançados. Ele se torna irmão dos abandonados e dos rejeitados por Deus, por causa do mal. O sofrimento do Pai é a morte do Filho, que ele entregou para ser o Pai de todos os homens e mulheres, para resgatá-los de seu abandono e de sua rejeição. Nas palavras de Moltmann, "o Pai abandona o Filho 'por nós', isto é, para tornar-se Deus e Pai dos abandonados"[141]. É uma entrega ativa de ambos os lados, que alcança até mesmo os que estão entregues à escuridão da morte e revela o mistério trinitário do amor. Dito de um outro modo, "na cruz, entregando o Filho, o Pai se entrega também e sofre a mortal vulnerabilidade de sua paternidade, que é a sua identidade mais profunda".[142]

Esta dor de abandono do Filho que é para nós salvação que nos alcança, para Joseph Ratzinger, não se mede pelo multiplicar de torturas e sofrimentos

---

139. MOLTMANN, J., Trindade e Reino de Deus, p. 89.

140. MOLTMANN, J., Trindade e Reino de Deus, p. 94. Outra versão desta afirmação encontra-se em MOLTMANN, J., O Deus crucificado, p. 305-306. Aqui, nosso autor afasta qualquer patripassionismo e corrige o demasiado monoteísmo na compreensão da Trindade na cruz de Cristo.

141. MOLTMANN, J., Trindade e Reino de Deus, p. 93.

142. BINGEMER, M. C.; FELLER, V., Deus Trindade, p. 85.

físicos, mas trata-se da "amplitude do amor que estende a existência a tal ponto que o longínquo e o próximo se unem, que o ser humano que está longe de Deus entra em contato com ele".[143] Segundo Luis Francisco Ladaria, na cruz de Cristo o Pai é dado a conhecer pelo Filho, que por sua vez foi enviado e entregue pelo Pai no Espírito, para estender à humanidade e à criação suas relações de amor:

> No mistério pascal acontece sem dúvida o momento fundamental da revelação do mistério de Deus amor, da paternidade e da filiação divina no Espírito Santo. Na morte de Jesus manifestou-se o amor que ele nos tem, mas também o amor do Pai por nós pecadores (Rm 5,6-10; 8,32.35).[144]

Qual seria a teologia dessa entrega do Filho pelo Pai, na lógica do abandono do Filho pelo Pai? Moltmann, analisando a imagem do cordeiro imolado em Ap 5,12, afirma que "a cruz está colocada no meio da Trindade (...). Antes que existisse o mundo, existia em Deus a imolação".[145]

É revelador que a cruz seja o critério para desfazer qualquer distinção em Deus, uma vez que "Deus é como se *mostra*; Deus não se mostra de uma maneira diferente daquela que ele é".[146] Inserida na Trindade, a cruz é o marco de sua abertura ao mundo e do mundo à Trindade. Há, portanto, um movimento da soteriologia para a Trindade. Mas esse movimento tem origem e fundamento no interior das vivas relações recíprocas e abertas trinitárias. Ao mesmo tempo inaugura a nova humanidade na proximidade da humanidade de Deus. O grito do Abandonado é proximidade solidária do Filho e, por meio dele, do Pai com os abandonados, uma vez que "Jesus atravessou a porta de nossa solidão quando, na

---

143. RATZINGER, J., Introdução ao cristianismo, p. 215.

144. LADARIA, L. F., O Deus vivo e verdadeiro, p. 83-89. Apesar de acolher como positiva a compreensão moltmanniana que "a profundidade da vida trinitária manifesta-se na cruz de Cristo" (p. 89), Ladaria critica essa oposição entre Deus e Deus mesmo, questionando se há neste entendimento "suficiente justificação à luz do Novo Testamento, que ao mesmo tempo que nos conta, e não dissimula, a angústia e a escuridão que Jesus experimenta também nos fala de sua obediência à vontade do Pai e sua entrega confiante a ele" (p. 89). Porém, Moltmann faz esse aceno, negado por Ladaria, quando aponta que o Filho entregue "não é apenas objeto, mas também sujeito" no ato da entrega na cruz. Assim ele afirma: "Na cruz, o Pai e o Filho estão a tal ponto separados que as suas relações ficam interrompidas. Jesus morreu 'sem Deus'. Mas ao mesmo tempo, na cruz, o Pai e o Filho estão tão unidos que constituem um gesto único da entrega: 'Quem vê o Filho, vê o Pai'" (MOLTMANN, J., Trindade e Reino de Deus, p. 94).

145. MOLTMANN, J., Trindade e Reino de Deus, p. 95. Numa formulação precedente à acima citada, encontramos o seguinte: "No evento da cruz são reveladas as relações de Jesus, o Filho, para com o Pai e vice-versa. Do evento da cruz e do seu efeito libertador nos é revelado a saída do Espírito, a partir do Pai. A cruz está no meio do ser trinitário de Deus, separa e vincula as pessoas em suas relações umas com as outras e as mostra concretamente" (MOLTMANN, J., O Deus crucificado, p. 255-256).

146. RATZINGER, J., Introdução ao cristianismo, p. 123.

sua paixão, afundou no abismo de nossa sensação de abandono. Onde já não se faz ouvir nenhuma voz, lá está ele".[147]

Mas em que consiste esta imolação em Deus que Moltmann afirma existir desde toda a eternidade? Este entendimento perpassa a imagem de Deus subjacente à teologia da criação e da encarnação, lidas em chaves trinitárias. Vejamos a seguir.

Em primeiro lugar, manifesta que a criação é obra do seu amor, e que o homem e a mulher criados livres são vocacionados a essa relação de amor. Não se trata de absoluto poder, onde Deus cria e a criação nada lhe diz respeito; nem cabe entender a criação como ato de coação em Deus, cuja essência seria a sua autocomunicação. É ato livre de amor. Nas palavras de Moltmann:

> Desde toda a eternidade, Deus não desejou apenas a si mesmo, mas também o mundo, pois não desejou apenas comunicar-se consigo mesmo, mas também com o seu outro. Por isso é que, no amor do Pai para com o Filho, já está contida a ideia do mundo de Deus. O Filho eterno de Deus está em íntima relação com a ideia do mundo de Deus. O *Logos*, pelo qual o Pai criou todas as coisas, e sem o qual nada do que existe foi criado, é apenas o *outro aspecto do Filho*. O Filho é *Logos* na perspectiva do mundo. O *Logos* é *Filho* na perspectiva do Pai. O Pai pronuncia a palavra eterna no Espírito, e sopra o Espírito na palavra do Verbo eterno. Por meio do eterno *Logos*/Filho, Deus cria o mundo. Ele é o intermediador da criação. Deus reserva o mundo para a encarnação dele. Ele é o libertador da criação. Pelo seu reinado de liberdade, Deus ama suas criaturas. Ele é o coroamento da criação.[148]

Segundo o entendimento citado acima, o ato de criar não se trata apenas de um movimento para fora da Trindade, mas para dentro dela, pois o Filho também é o *Logos*. Acolhendo a tradição judaico-cabalística da ideia da *criação para fora* e da *criação para dentro*, Moltmann aponta para o dado da criação interno à Trindade, onde num movimento de *retração* cria o mundo como ação em si e para fora de si, numa analogia aos processos de gestação e parto femininos.[149] Neste mundo, Deus cria o ser humano livre para a liberdade, no amor do Pai pelo Filho que se abre ao mundo criado, convidando este ser humano a comungar nesse amor. Só assim o mundo criado é o mundo de Deus, e o será na consumação do tempo.

---

147. RATZINGER, J., Introdução ao cristianismo, p. 222.

148. MOLTMANN, J., Trindade e Reino de Deus, p. 119.

149. MOLTMANN, J., Trindade e Reino de Deus, p. 119-122. Vale ressaltar que não se trata aqui de uma correspondência à geração do Filho. A criação é o outro de Deus, o ser humano é a "liberdade da imagem e semelhança não divina".

Em segundo lugar, com essa afirmação se deixa de lado uma "causa" para a encarnação do Filho, como o pecado do homem e da mulher e a necessidade de restaurar a criação desfigurada.[150]

Para a realização e coroamento desta comunhão, o Filho se faz homem e torna os homens e mulheres seus irmãos. Por ação do Espírito Santo, o *Abbá* do Filho se torna *Abbá* dos irmãos do Filho. No Filho os homens e mulheres são filhos do Pai: "A fraternidade de Cristo está sempre vinculada à sua filiação, da mesma forma como a sua filiação está sempre vinculada à sua fraternidade".[151] Não foi por causa do pecado do homem e da mulher que o Filho foi enviado e entregue pelo Pai, porque "o amor não pode concentrar-se apenas em apagar os pecados".[152] A encarnação do Filho é o coroamento da *kênosis* divina iniciada na criação, realizada e completada no sofrimento de abandono e morte de Jesus, o Filho.[153] A encarnação "foi algo que precedeu à intenção de criar o mundo".[154] Nela se manifesta a humanidade de Deus que destrói a desumanização das pessoas, na linha da teologia da cruz de Lutero.

Como se pode notar, há uma precedência da encarnação sobre a criação. Neste sentido, estamos diante da mais profunda comunicação do amor de Deus, na gratuidade que supera toda necessidade.

Ainda que a encarnação não seja de caráter funcional para a morte vicária na cruz, a situação de miséria do ser humano por causa do pecado é acolhida no Filho. O abandono do Filho pelo Pai guarda, também, esta dimensão: "Deus não assume apenas a finitude humana, mas também a condição do seu pecado e do seu abandono por Deus. Ele não apenas ingressa nessa situação, mas assume-a e faz dela uma parte do seu próprio e eterno amor".[155]

---

150. MOLTMANN, J., Trindade e Reino de Deus, p. 124-132. Aqui o autor descreve a encarnação em chaves trinitárias, superando a perspectiva funcional expiatória, com ênfase no passado, para avançar na perspectiva de cumprimento da promessa da criação, sendo o coroamento da mesma e o coroamento da *kênosis* de Deus, com ênfase no futuro de Deus.

151. MOLTMANN, J., Trindade e Reino de Deus, p. 130.

152. MOLTMANN, J., Trindade e Reino de Deus, p. 126.

153. MOLTMANN, J., Trindade e Reino de Deus, p. 129.

154. MOLTMANN, J., Trindade e Reino de Deus, p. 127.

155. MOLTMANN, J., Trindade e Reino de Deus, p. 129. Greshake desenvolve esta implicação do pecado do homem na Trindade. Segundo esse autor, Deus se decide ser "Deus dos homens", não de modo acidental, mas essencial. Esta afirmação tem seu contexto na teologia da encarnação do Filho, na mesma linha de reflexão apresentada por Moltmann, que entende a encarnação como evento anterior à criação, como fundamento e causa de si mesma. Mesmo diante da recusa do homem tomar parte da *communio* da Trindade, Deus diz sim a esse homem e a esse mundo marcado pelo pecado, pois se trata de uma decisão irrevogável de sua parte: Deus criou para encarnar-se, para transbordar sua comunhão no amor. Em: GRESHAKE, G., El Dios uno y trino, p. 397-401.

Aqui temos a entrega do Filho pelo Pai ao abandono, à maldição, à rejeição, ao juízo dos condenados, para ele, o Pai, "tornar-se Deus e Pai dos abandonados".[156] E o Filho, irmão desses abandonados. No Filho, o Pai encontra a correspondência amorosa e livre do ser humano. O Filho feito homem é o cumprimento da promessa de Deus na criação – imagem e semelhança de Deus –, mas é também a correspondência no tempo ao eterno amor de Deus.

Este *pathos* divino, entendido trinitariamente, tem uma tensão para o futuro. Sendo revelação de Deus como comunidade de amor que acolhe e redime o sofrimento do ser humano e o torna participante do seu sofrimento pelo mundo, seu mundo, esta redenção aponta para uma consumação:

> A comunhão com Deus que é amor, envolve estes dois aspectos: ele nos leva ao âmago da dor divina e da sua infinita aflição, mas somente se consumará na festa da eterna alegria de Deus e na dança dos libertos da aflição. Pois o verdadeiro amor tudo sofre, tudo suporta e tudo espera, para proporcionar a felicidade, e nisso encontrar a própria felicidade.[157]

Deus "encontra sua alegria em dar às suas criaturas a participação em sua vida e introduzir-se ele *mesmo* na relação com a criatura".[158] Este é o fundamento da criação, a partir das relações paterna e filial de Deus como transbordamento do amor, no Espírito. Ao mesmo tempo, é uma condição de futuro de Deus. Este futuro foi inaugurado na ressurreição de Jesus por obra do Espírito Santo. E é a sua ressurreição que completa a revelação da Trindade, como entrega do Filho pelo Pai, onde o Filho é igualmente ativo nesta entrega. É a reflexão que se segue.

2.2. A cruz na perspectiva do ressuscitado

A experiência da ressurreição de Jesus Cristo retroage à sua cruz, dando-lhe sentido de plena revelação do amor de Deus. É a ressurreição que traz luz para compreendermos a morte de Jesus *para nós*. Ela nos proporciona compreender a revelação/entrega de Deus a partir do seu futuro a toda a criação pelo envio do Espírito Santo, como dom. É também a condição para entendermos o que significa a cruz para a Trindade, como refletimos acima. Sem a experiência da ressurreição, a cruz perde seu sentido salvífico, pois "enquanto tal, a cruz é somente sinal do perecível, do fracasso e da definitiva eliminação; mais ainda: segundo Dt 21,23, a

---

156. MOLTMANN, J., Trindade e Reino de Deus, p. 93.
157. MOLTMANN, J., Trindade e Reino de Deus, p. 56.
158. GRESHAKE, G., El Dios uno y trino, p. 398.

cruz é prova da maldição divina".[159] Maria Clara Bingemer e Vitor Galdino Feller entendem que "na ressurreição, Deus se revela e se oferece como o Pai do Filho encarnado, morto, ressuscitado e que virá. Oferta-se como o Pai de misericórdia que diz *sim* ao Filho crucificado e, nele, diz *sim* definitivamente libertador a todos os escravos do pecado e da morte".[160]

A ressurreição é o *sim* de Deus ofertado na entrega do Filho pelo Pai na cruz. A partir da ressurreição, o evento da cruz de Jesus Cristo é a radical abertura da relação de amor da Trindade ao mundo. A cruz à luz da ressurreição, como evento entre o Pai e o Filho no Espírito Santo, corrige o monoteísmo geral na fé e práxis cristã, pois revela o íntimo da Trindade em seu agir no mundo e esse agir no mundo no íntimo da Trindade. Esta é a chave de compreensão de Deus que a morte do Filho na cruz revela, segundo o desenvolvimento da teologia da cruz de Moltmann.[161]

Esta abertura da Trindade para o mundo e do mundo para a Trindade, que a cruz de Cristo realiza, manifesta a profunda solidariedade da Trindade, que é comunhão de amor, com a sua criação na entrega do Filho pelo Pai e do Filho ao Pai, de onde o Espírito Santo vivificador procede como dom para toda a criação, para toda a humanidade. Nas palavras de Moltmann:

> Ele [Deus] é amor, ou seja, ele existe em amor. Ele constitui sua existência no evento do seu amor. Ele existe como amor no evento da cruz. (...) O que procede desse evento entre o Pai e o Filho é o Espírito Santo que justifica o ímpio, enche o desamparado de amor e até ressuscita os mortos, já que, até mesmo o fato de estarem mortos não os exclui desse evento da cruz; a morte em Deus também os inclui.[162]

O evento da cruz foi, sem dúvida, a manifestação profunda do amor de Deus, que assume para si mesmo as últimas consequências do drama da existência humana. Mas a ressurreição é também a manifestação desse amor. Ratzinger aponta para esse dado ao falar que o amor é imortalidade e que a imortalidade provém do amor: "o amor requer eternidade, mas está inserido no mundo da morte com a sua solidão e seu poder destrutivo. É partindo desse contexto que se pode entender o que significa 'ressurreição'. Ela *é* a força maior do amor diante da

---

159. GRESHAKE, G., El Dios uno y trino, p. 425.
160. BINGEMER, M. C.; FELLER, V., Deus Trindade, p. 90.
161. MOLTMANN, J., O Deus crucificado, p. 93-107. A cruz é crítica tanto de Deus quanto do ser humano, é uma chave crítica para a teologia.
162. MOLTMANN, J., O Deus crucificado, p. 307.

morte".¹⁶³ Esta compreensão de Deus no evento da cruz tem seu ponto de partida na experiência da ressurreição de Jesus, que marcou decisivamente a fé da comunidade cristã primitiva. É aqui que se dá a compreensão do que aconteceu entre o Filho e o Pai no abandono da cruz.

É na experiência da ressurreição que a comunidade levanta a questão sobre quem foi aquele crucificado, pois ela revela plenamente o sentido soteriológico-escatológico da cruz de Jesus: "Sem o evento da ressurreição a obra histórica de Jesus, que tem seu vértice dramático na morte de cruz, teria um sentido muito relativo (...)".¹⁶⁴ Em outras palavras, a cruz seria superada e os relatos da paixão de Cristo, morto no abandono pelo Pai, não seria conservado na vivência da fé, pois "na ressurreição de Jesus, Deus-Trindade diz a palavra última e definitiva sobre o sofrimento e a morte das vítimas de todos os tempos e povos"¹⁶⁵. Ainda mais incisiva se apresenta a reflexão de Castillo, partindo da compreensão neotestamentária que identifica o Ressuscitado no Crucificado:

> Quando os primeiros cristãos afirmavam: "Deus o ressuscitou" (At 2,24-32; 3,15-26; 4,10; 5,30; 10,40; 13,30.34.37), isso equivale a dizer que Deus se havia posto ao lado de Jesus, que estava a favor dele e lhe dava razão, aprovando assim sua vida e sua conduta. Isso significa aprovar uma forma de vida.¹⁶⁶

Esta consideração traz um sentido particular para a fé cristã. Sendo a vida de Jesus confirmada por Deus que o ressuscitou, então a cruz é confirmação desse amor que se volta, aberto, ao ser humano e a toda criação. Os gestos de acolhida, as opções de Jesus, seu sofrimento de abandono e morte de cruz são ratificados por Deus no *sim* da ressurreição e tornam essa vida que culmina no sofrimento um acontecimento para nós. "A obra de Deus Pai, que ressuscita o Filho, no poder do Espírito, torna definitivo tudo o que Jesus de Nazaré realizou de modo completo até a cruz".¹⁶⁷ A teologia do Deus crucificado tem o seu sentido de ser sob a luz do ressuscitado e, inversamente, o Ressuscitado encontra na cruz a sua plena manifestação do amor de Deus, na doação da vida por todos. A morte de Jesus é vicária, é para nós. A ressurreição é "expressão da vitória de Deus contra todos os

---

163. RATZINGER, J., Introdução ao cristianismo, p. 223. Esta belíssima afirmação tem seu contexto na reflexão de Ratzinger sobre a finitude do homem, que, não obstante, ama. Amar é tensão para infinitude. Porém, o homem não pode dar a si mesmo essa imortalidade que é própria do amor. Sendo a entrega do Filho na cruz a plena manifestação do amor, nada mais conclusivo entender a ressurreição como esse amor, imortal, que vence a morte, que entra no mundo como dom para o homem (p. 222-228).

164. ANCONA G., Escatologia cristã, p. 244.

165. BINGEMER, M. C.; FELLER, V., Deus Trindade, p. 92.

166. CASTILLO, J. M., Jesus: a humanização de Deus, p. 512.

167. ANCONA, G., Escatologia cristã, p. 244.

poderes da injustiça e sobretudo contra o 'último inimigo', a morte; no entanto, para o cristão, isso ainda pertence ao futuro".[168]

Moltmann descreve todo um caminho de reflexão que a comunidade cristã primitiva trilhou para a compreensão de Deus no evento pascal.[169] Um primeiro dado que desponta é a particularidade dos relatos das aparições do ressuscitado. Tal particularidade é sinalizada pelo contraste entre a publicidade da morte de cruz de Cristo e a privacidade de sua aparição a algumas mulheres e aos discípulos. Nesta particularidade reside, segundo Moltmann, o caráter escatológico da ressurreição de Cristo, como inauguração da plenificação do mundo, como cumprimento da promessa de que os mortos ressuscitariam no fim dos tempos, pois "nessa única pessoa, antecipando-se a todas as demais, já começou o processo de ressurreição dos mortos dos tempos últimos".[170] Este tempo escatológico está inaugurado pela ressurreição de Jesus Cristo, como primícias dos que morreram. Segundo Ancona, a história humana "não está mais à espera de um poderoso salvador, mas está apenas voltada para a recapitulação universal de todas as coisas do céu e da terra (Ef 1,10)".[171] Na mesma linha afirma Castillo:

> *a ressurreição não foi para Jesus um passo mediante o qual recuperou a condição perdida*. A ressurreição não foi o retorno à glória que [o Filho] tinha junto ao Pai antes de descer a este mundo. A ressurreição foi o começo de uma situação nova, radicalmente nova que, precisamente por ser novidade, nos explica sua verdadeira significação.[172]

Morte e ressurreição de Jesus inauguram o novo de Deus para este mundo. Trataria de um voltar à vida apenas, e não de ressurreição, se aquele que foi crucificado apenas retomasse o que havia perdido. A ressurreição é o irromper do futuro de Deus na glorificação de toda a criação pela ação do Espírito Santo. Como já apontamos no primeiro capítulo de nossa pesquisa, Deus revela-se a partir do seu futuro. Encarnação e criação são eventos a partir do futuro de Deus. O significado da ressurreição é esta novidade, é esse futuro mesmo, inaugurado, não um futuro tão distante que não pode ser alcançado. É um futuro prometido que se pode viver em esperança.

---

168. SCHILLEBEECKX, E., Jesus, a história de um vivente, p. 435.

169. Esta temática também foi abordada em: SCHILLEBEECKX, Jesus, a história de um vivente, p. 433-438.

170. MOLTMANN, J., Trindade e Reino de Deus, p. 98. Nas páginas seguintes, trata da revelação da Trindade na ressurreição de Cristo.

171. ANCONA, G., Escatologia Cristã, p. 246.

172. CASTILLO, J. M., Jesus: a humanização de Deus, p. 501.

Este viver o futuro de Deus em esperança encontra sua mais profunda significação quando se considera a cruz e a ressurreição como uma mesma realidade. Nas palavras de Gisbert Greshake:

> Por toda a eternidade, o Ressuscitado é o Crucificado. Por essa razão, na ressurreição não se cala o grito do crucificado, nem pode cair no esquecimento que o Crucificado abraça solidariamente todo o sofrimento do mundo e que, portanto, não terá alcançado sua plenitude enquanto perdurarem no mundo o sofrimento, o poder da morte e a obscuridade da distância de Deus, e enquanto tudo isto não tenha sido recolhido em sua ressurreição.[173]

As aparições de Jesus foram narradas primeiro com o não reconhecimento por parte dos discípulos, depois com o mostrar as marcas da morte de cruz por parte do Ressuscitado. Isso indica que não foi qualquer homem ressuscitado, mas o Crucificado, aquele que revelou o amor de Deus nas íntimas e abertas relações trinitárias na cruz. As marcas da paixão indicam que o futuro de Deus é para este mundo, e que esse futuro vindouro se identifica com a exaltação e glorificação do Filho, que vem. E é para ele, para esse futuro, que caminhamos em esperança.

Um segundo dado aponta para o início do Reino do Filho, como missão do Ressuscitado. Em sua história, Cristo, o Filho, manifestou o reino do Pai como o reino da misericórdia, no amor que se volta para os abandonados e desfigurados de humanidade. Ele "anunciava o reino vindouro como reino da graça e da misericórdia de Deus, que há de vir. Apresenta-o não como uma incriminação dos pecadores, mas como perdão dos pecados".[174] Jesus anunciava a alegria do reino do Pai que foi inaugurado com o seu envio e plenificado com sua morte na cruz, sendo abandonado pelos abandonados. Com a ressurreição de Jesus, o Pai entrega o seu reino ao seu Filho, e o Filho é Senhor. Mas seu senhorio não torna os homens e as mulheres serviçais. É o reino do Irmão com e pelos irmãos; e esse reino será entregue ao Pai quando a plenificação na graça da criação for completada, já em ação pelo envio do Espírito Santo que comunica a nova vida inaugurada na ressurreição de Cristo.[175]

Este Reino de liberdade e libertador impõe uma perspectiva nova para a missão da Igreja. Nas palavras de Castillo, indica um agir como contradição às estruturas do mal presentes no mundo e como construção desta nova realidade inaugurada pela ressurreição:

---

173. GRESHAKE, G., El Dios uno y trino, p. 427.
174. MOLTMANN, J., Trindade e Reino de Deus, p. 82.
175. MOLTMANN, J., Trindade e Reino de Deus, p. 103-106.

Pregar a ressurreição olhando apenas para o céu não é pregar a ressurreição. Somente quando se situa a ressurreição de Jesus no contexto histórico em que se afirma essa fé, somente então é que se afirma a fé no ressuscitado, que continua sendo o Crucificado, vivo nas vítimas daqueles que assassinaram Jesus.[176]

O contexto da fé na ressurreição é a cruz. Esta cruz foi consequência direta das opções, palavras e ações de Jesus e estas são entendidas como revelação do amor que Deus é desde toda a eternidade. Para a comunidade primitiva, a fé na ressurreição era uma experiência que lhes trazia o perigo da perseguição e da morte. Prova disso são os relatos no Novo Testamento acerca dos martírios e da dispersão da Igreja. Mas essa fé na ressurreição implicava, e por isso mesmo era causa de perseguição e morte, um novo modo de vida, que continha a luta pela transformação das condições sociais. Ainda hoje, essa participação no reinado de Cristo, quando situado no contexto dos sofredores e excluídos, traz seus riscos. A profissão de fé é fundamentalmente performativa.

Ainda um terceiro aspecto precisa ser acrescentado à compreensão do significado da cruz do Ressuscitado: "a ressurreição dentre os mortos qualifica a pessoa do Crucificado e, com isso, o significado salvífico de sua cruz para nós, os 'mortos'".[177] A morte de Cristo na cruz foi um evento para nós. Sua vida, paixão, morte e ressurreição são o evento primordial da solidariedade de Deus que é amor. Mais que um motivo de reparação da culpa, a morte do Filho é o chamamento de toda a criação para a união com o Pai, na plenitude do Espírito, como revelados na história do envio e da entrega do Filho. É o que afirma Moltmann:

> Cristo não morreu como aquele sacrifício de expiação que restabelece a lei ou restaura a criação original antes da queda do homem. Ele morreu "por nós" para dar a nós, "mortos", parte da sua nova vida da ressurreição e no seu futuro da vida eterna. (...) A sua "ressurreição" não é uma dimensão da morte na cruz, mas, ao contrário, sua entrega na cruz para a reconciliação do mundo é a dimensão de sua ressurreição escatológica na glória do Reino vindouro.[178]

Qual é o limite da redução do evento da cruz de Cristo à função expiatória? É que, nesta perspectiva, o que se leva em conta é o passado; "no sentido

---

176. CASTILLO, J. M., Jesus: a humanização de Deus, p. 514.
177. MOLTMANN, J., O Deus crucificado, p. 228.
178. MOLTMANN, J., O Deus crucificado, p. 233.

histórico ele é um *restitutio in integrum*, mas não é o começo de uma nova vida".[179] O fato de Ele ter morrido *por nós* não impõe a compreensão desse *por nós* como sacrifício expiatório. Seguir nesta linha significa contradizer a própria morte de Cristo, que no desenrolar histórico podemos identificar como uma maldição da lei. Fica de fora a inteira gratuidade de Deus que é amor, e desfigura o rosto de Deus que abre aos homens e mulheres sua eterna relação de amor e que envia seu Filho para que o seu eterno amor seja correspondido, em liberdade, no tempo. Este é o futuro da nova vida comunicado pela ressurreição, pois Deus "se doa a si mesmo à criatura (...), se comunica a si mesmo ao homem e lhe possibilita não apenas um futuro criado e finito".[180] Para Moltmann:

> O Cristo ressuscitado traz por meio de seu sofrimento e morte, justiça e vida para os injustos e os que morrem. A cruz de Cristo, portanto, modifica a sua ressurreição sob as condições da história do sofrimento do mundo, a transformando de um puro evento futuro em um evento do amor libertador. Por meio de seu sofrimento vicário e de sua morte, o Ressuscitado traz o domínio vindouro de Deus para o presente da impiedade.[181]

Esta nova vida, este novo no *novo vindouro* nos é dado como justiça. A ressurreição do Crucificado nos mostra o rosto vivo e amoroso de Deus. Na história do Cristo crucificado ressuscitado compreendemos o rosto de Deus que suscita a esperança, ao mesmo tempo em que nos faz mover em esperança como gesto de contradição em relação às forças de desumanização.

Tomar posição por uma imagem de Deus que brota do crucificado que vive significa apontar para a vida de Jesus Cristo como sinal escatológico, suas ações e palavras concretas como gestos profundos de amor e misericórdia que brotam do coração do Pai que sofre com a morte de seu Filho e que o justifica no Espírito, que sofre a morte prematura de sua criação e a salva na cruz e ressurreição de Jesus. Significa testemunhar essa vida de Cristo, optar por ela. Pois "para aqueles que decidem pelo caminho de Jesus, propõe-se uma vida de seguimento, na qual devem, primeiramente, optar por Cristo; depois, optar pelas opções de Cristo e, por fim, assumir as consequências dessa opção".[182]

Sendo a vida de Cristo um caminhar segundo o desígnio do Pai, e nele toda a criação e toda a humanidade se encontram no fazer a vontade do Pai que é a

---

179. MOLTMANN, J., O Deus crucificado, p. 239.
180. RAHNER, K., Curso fundamental da fé, p. 515-516.
181. MOLTMANN, J., O Deus crucificado, p. 232.
182. KUZMA, C., O futuro de Deus na missão da esperança, p. 178.

plena comunhão no amor, resta ao cristão assumir como sua a própria vida e as escolhas de Cristo, se transformar em uma palavra que rompe o espaço privado e se torna arauto de esperança para o mundo, que se expande ao espaço público da vida e das decisões da humanidade.

Neste capítulo apresentamos a compreensão de Deus em Moltmann. Ele compreende Deus como Trindade no evento da morte e ressurreição de Jesus Cristo. O Cristo revela a Trindade. Na história do envio e entrega do Filho pelo Pai no Espírito Santo, a Trindade se revela aberta a esse mundo. Sente com esse mundo. A procura por Deus e pela esperança em meio ao sofrimento, que estudamos no segundo capítulo dessa nossa pesquisa, e o encontro com esse Deus, que vem na pessoa do Crucificado abandonado, deixa claro que Deus não é apático. O evento pascal de Jesus Cristo desqualifica qualquer compreensão de Deus que o identifica sem mais com a categoria metafísica de impassibilidade. Deus sofre e no seu sofrimento são assumidos os sofrimentos da humanidade. Assumidos e transformados na cruz e ressureição de Cristo.

As consequências dessa compreensão de Deus apontam para o reconhecimento do amor gratuito que constitui o mais íntimo de seu ser, que é comunhão. Deus cria porque é amor. Cria porque quer a encarnação do Filho, desde toda a eternidade. Esvazia-se para criar, retrai para que o outro seja. Vai ao encontro desse seu *outro* para que as estruturas de morte nas quais está encarcerado e que rompem essa comunhão fundamental sejam destruídas e surja desse evento uma nova comunhão. Deus sofre em seu amor porque é Ele mesmo amor. Sofre a expulsão de seu Filho para que essa entrega alcance a todos, desde as trevas mais profundas e densas. E, a partir de lá, brilha com a luz do seu futuro o reino da glória dos libertos, dos redimidos, dos glorificados.

O passo seguinte e conclusivo de nossa pesquisa se deterá no enunciado escatológico desse amor compassivo, sofredor, revelado na cruz e ressureição de Jesus. É esse Deus que está ao lado de quem grita contra o absurdo do não Deus do horror e do mal.

Capítulo 3 | A escatologia do amor

O centro da vida cristã consiste na memória da paixão, morte e ressurreição de Jesus Cristo. Nela se configura a radical solidariedade de Deus, que é amor, com as vítimas, com os que sofrem. A fé cristã atualiza este memorial na memória de todos os injustiçados. "Só refletindo sobre o que acontece entre o Crucificado e o 'seu' Deus poderemos deduzir o que este Deus significa para os aflitos e desamparados desta terra".[183] O silêncio de Deus na cruz e o túmulo vazio nos remetem a essa profunda presença do acontecimento divino quando do clamor a Ele dirigido frente ao absurdo da injustiça. E a ressurreição de Cristo é a resposta do Pai, no Espírito Santo, a esse clamor. Uma resposta, no entanto, que aponta para além deste clamor e para além do sofrimento que o mal neste mundo inflige às suas vítimas.

A grande objeção de que um Deus que não se salvou não pode salvar[184] se mostra infundada, quando, por essa *via crucis*, o que está em jogo é o interesse de Deus pela vida concreta do ser humano, como nos revela os relatos da ressurreição de Jesus: "Deus salvou o crucificado e confirmou seu plano de vida. (...) Essa esperança está vinculada ao compromisso com uma forma de vida"[185] que é a vida de Jesus Cristo.

Este capítulo aponta para as consequências escatológicas, *para nós*, da imagem cristã de Deus como amor, como comunidade de amor, como Trindade. O futuro de Deus é o seu amor revelado em sua radicalidade como passível e libertador na cruz e ressurreição de Jesus Cristo. É esse amor, que tudo suporta e que

---

183. BINGEMER, M. C., Um rosto para Deus?, p. 168.
184. DÍAZ, J. A., ¿Qué decimos cuando hablamos de Dios?, p. 137-138.
185. DÍAZ, J. A., ¿Qué decimos cuando hablamos de Dios?, p. 142.

tudo sofre, que tudo transfigura e abre os horizontes da humanidade para esta sua dinâmica libertadora.

Tendo por base os capítulos anteriores, este capítulo apresentará o caráter escatológico do amor, segundo Moltmann, na vida concreta do ser humano. A Trindade é revelada plenamente por Cristo em sua cruz e ressurreição. Nesse evento, Deus se dá a conhecer a partir do seu futuro como movimento de amor. Amor libertador e renovador. Num primeiro momento, apresentaremos o enunciado escatológico da revelação da Trindade. Em seguida, o alcance desse enunciado na vida do ser humano, vítima e agente do mal. Aqui Moltmann aponta um dado fundamental, pois o mal atinge completamente a vítima e os agentes. Esses últimos não podem viver com a culpa. Mas a ação libertadora do amor trinitário vai além da redenção da culpa, dirigindo o olhar para as vítimas da ação do mal. Estes, segundo o autor, são o critério da justiça justificadora de Deus. Por fim, Moltmann ainda fundamenta a esperança no Deus promitente, Deus promitente que é amor, e nesse amor se movem a história e o mundo. É a partir dessa revelação fundamental de Deus Trindade no evento pascal de Cristo que a vivência cristã se compreende como vida *de* e *em* esperança, o que a torna participante desse agir transformador e libertador do amor de Deus.

3.1. O enunciado escatológico da revelação da Trindade

Gritar por Deus significa lutar contra a dor e a morte, na perspectiva da pergunta pela justiça de Deus. A dinâmica da fé conduz o crente à pergunta pela justiça em meio ao sofrimento, pois "Deus e o sofrimento se pertencem mutuamente, da mesma forma como, nesta vida, o grito por Deus e o sofrimento experimentado na dor se pertencem".[186] Tangenciar o sofrimento vinculando-o à culpa do homem e da mulher não é suficiente. Também não é suficiente para a teologia interpretar o sofrimento de Cristo na cruz como reconciliação entre Deus e o ser humano no âmbito da expiação da culpa pelo perdão do pecado.[187] Fixar-se em tais insuficiências, ao invés de qualificar a contribuição da teologia para essa questão aberta na história do ser humano e de Deus, empobrece-a. É papel da fé e da teologia "proporcionar condições de sobreviver com essa ferida aberta".[188]

Moltmann dá sua contribuição teológica para essa questão crucial da humanidade, inserindo-a no mais íntimo do mistério de Deus. E o faz tomando a

---

186. MOLTMANN, J., Trindade e Reino de Deus, p. 63.
187. MOLTMANN, J., Trindade e Reino de Deus, p. 65-66.
188. MOLTMANN, J., Trindade e Reino de Deus, p. 63.

teologia da cruz de Lutero, avançando na perspectiva de compreender a Trindade no evento da cruz, como amor padecente que liberta e inaugura o seu futuro na justificação do mundo. Retira a pergunta por Deus no sofrimento do círculo fechado da culpa e da sua expiação para a dinâmica sempre aberta do amor criativo que tudo sofre para libertar o amado. Rompe com uma redução monoteísta e modalista da compreensão de Deus no cristianismo, que na realidade acaba por afirmar um Deus apático, ou um senhor severo cujo reino não é de liberdade de filhos, mas serviçais do Senhor. A afirmação de Deus como Trindade, como comunidade de amor, encontra no evento da cruz a sua revelação, e nesta cruz qualquer discurso cristão sobre Deus encontra a sua crítica, conforme aponta a teologia moltmanniana.

De que modo a fé cristã nos ajuda a viver no mundo com esta ferida aberta, que é o sofrimento apesar de Deus? No dizer de Greshake:

> Na cruz torna-se evidente que, quando se assume o sofrimento por amor, podemos superá-lo quando ele é cercado pela promessa de vida; a ressurreição, resposta do Pai à cruz do Filho, é o início da supressão de todo sofrimento, mas supressão como destruição e dádiva de significação. Pelo fato de Cristo, por toda a eternidade, portar as chagas à direita do Pai, torna-se evidente que o sofrimento realmente tem acesso a Deus por toda a eternidade, e sua limitada negatividade não se contrapõe à reconciliação do "Deus que é tudo em tudo". "O sofrimento passa, o fato de ter sofrido não", observa Leon Bloy. Se o sofrimento passado ocorreu por amor, então ele é válido, pois o amor é aquilo que "permanece" (1Cor 13,8).[189]

Deus não quer o sofrimento de sua criação. No entanto, esse seu querer a liberdade do ser humano não se expressa por uma ação dominadora.[190] Ele assume o seu sofrimento. O Pai suporta o sofrimento do Filho, suporta a *kênosis* do Filho e a do Espírito. Aqui Deus entra na história de sofrimento de sua criação, pois acolhe no seio de sua eterna comunhão de amor as marcas da dor e da distância pelo abandono que o seu outro trilhou e insiste em trilhar. É o amor o convite e o penhor para a participação livre e gratuita dos homens e mulheres na comunhão trinitária. No entanto, esse movimento no amor da Trindade a nós, desde as trevas mais profundas do sofrimento dos sem-Deus e do não Deus, traz consigo o novo que ressignifica a vida, passando de sofrimento para aflição, de resignação para comprometimento na esperança. De que modo a fé nos chama a viver com essa

---

189. GRESHAKE, G., Por que o amor de Deus nos deixa sofrer?, p. 70.
190. GRESHAKE, G., Por que o amor de Deus nos deixa sofrer?, p. 64.

ferida aberta? Na participação do sofrimento de Deus pelo mundo – Ele que traz as marcas de sua paixão e as tem no seio de sua comunhão de amor – na tradução desse amor da Trindade em cada uma das relações humanas, a saber, das relações consigo, com o outro, com a natureza e com o próprio Deus. A viver na esperança, ao encontro dos desesperados.

Avançamos para a compreensão do enunciado escatológico dessa revelação de Deus como Trindade no evento da cruz.

A ressurreição do Crucificado inaugura o futuro de Deus na esperança da transfiguração do mundo como experiência do Espírito Santo, pois na autolimitação divina do ato da criação, que corresponde à liberdade amorosa de Deus, se encontra a promessa da habitação da Trindade nesta criação, como um evento de salvação e de esperança. Nas palavras de Moltmann:

> Na experiência do Espírito experimenta-se uma *nova presença de Deus*. Deus não se coloca simplesmente como o criador diante da sua criação. Deus não se apresenta apenas como aquele que se fez homem, para interceder pelos homens. Deus, pelo seu Espírito, habita nos homens. (...). Pela habitação do Espírito, os homens e as comunidades já agora são "transfigurados" *corporalmente*. Mas depois, toda a criação será transfigurada pela glória de Deus que nela habita. A esperança que se acende pela habitação do Espírito abarca por isso o futuro em visões panenteísticas. Tudo acabará em que "Deus será tudo em todos" (1Cor 15,28). *Deus no mundo* e o *mundo em Deus*, isso significa a transfiguração do mundo pelo Espírito. Isso representa a *morada da Trindade*.[191]

A criação, obra do amor de Deus, que existe em Deus, que acolhe o evento do Filho no Espírito, torna-se habitação de Deus. Este dado da compreensão do futuro de Deus é um passo além da relação formal entre Deus, criador, e a criatura. É um passo além da perspectiva da epifania de Deus[192] como aquele que aparece para que o homem e a mulher o conheçam; mas esse conhecimento é irrelevante, pois nada acrescenta ou para nada impele a existência e, por outro lado, essa existência humana nada tem a dizer a esse Deus.

Esse dado de a criação se tornar, pelo evento pascal de Cristo, habitação de Deus é um já e ainda não, pois este enunciado escatológico aponta para o futuro de Deus, em que ele será tudo em todos. Trata-se de uma experiência da nova presença de Deus. A escatologia da Trindade se apresenta como obra do Espírito

---

191. MOLTMANN, J., Trindade e Reino de Deus, p. 115.

192. Este tema foi abordado no capítulo 1 desta nossa pesquisa, quando tratamos da revelação de Deus pela via da promessa, que é uma temática cara para Moltmann e um dado fundamental de sua teologia.

Santo, que comunica o novo, a vida de Cristo, como evento de transfiguração de tudo para a glória futura do Pai, para a plena correspondência livre do ser humano e da criação na eterna comunhão de amor da Trindade. É o Espírito Santo quem comunica aos homens e mulheres a participação na vida de Deus e na sua vitória sobre o mal e a morte, essa vida "qualitativamente nova para o presente e para o futuro".[193] O futuro da criação é a inabitação da Trindade, já experimentada na infusão e missão do Espírito Santo.

Esta *vida qualitativamente nova* é experimentada na fé, por obra do Espírito Santo. Atua a partir de dentro das contradições da história, pois um por todos, o Crucificado foi ressuscitado. Porém, é uma experiência que transborda universalmente e compromete os que, pela fé, participam dela. Como afirma Moltmann:

> A experiência do Espírito não segrega os privilegiados do "resto do mundo". A experiência por eles feita leva-os, muito mais, a uma solidariedade aberta com o mundo inteiro. Pois, os que eles experimentam é – *pars pro toto* – o início do futuro do mundo. A experiência do Espírito é a presença plena do Espírito, mas essa presença é a da glória futura que completa os tempos, e não a presença da eternidade que extingue o tempo passado. Por isso, tal experiência não subtrai os homens ao tempo, mas abre-os ao futuro do tempo.[194]

Em que consiste este enunciado escatológico da Trindade? Consiste na sua universalidade, que é experimentada e testemunhada na fé e na existência cristãs, mas a caminho, com a irrenunciável tendência de abarcar toda a realidade. Não se trata de um futuro segregacionista, mas de um convite universal que compromete e qualifica o ser cristão no mundo, pois é participação no reinado universal do Filho. Ser humano e história estão abertos, assim como a Trindade revela-se aberta a homens e mulheres e ao seu mundo. Não há relação de justaposição entre mundo e Reino de Deus, nem a aniquilação desse mundo. Não se trata do eterno presente de Deus que desce para recuperar o que o mal destruiu, mas a completude do mundo nesse reinado e a glorificação desse reinado na justificação desse mundo. É a nova perspectiva da escatologia, entendida como escatologia performativa,[195]

---

193. ANCONA, G., Escatologia cristã, p. 251.

194. MOLTMANN, J., Trindade e Reino de Deus, p. 134.

195. Esta expressão traz consigo o grande salto qualitativo na escatologia. Tida por apêndice da teologia, que refletia sobre o além morte, passa a ser o viés pelo qual deve passar qualquer discurso sobre Deus, fomentando a esperança cristã. Para o estudo desta guinada na teologia católica, provocada pela teologia protestante, destacamos: LIBANIO, J. B.; BINGEMER, M. C., Escatologia cristã, p. 19-73. Um desdobramento interessante da escatologia performativa no Magistério Eclesial podemos encontrar em: SS 2-10, para o destaque de que a boa-nova não pode se restringir a um aspecto meramente informativo, podendo ou

pois não se espera simplesmente o fim deste mundo, mas a sua justificação. "A esperança não pode ser, de modo algum, uma evasão, um escape, uma fuga para outro lugar. Ao contrário, a esperança deve ser sinônimo de penetração, de imersão plena, decidida e paciente, na própria veia da existência".[196] De modo ainda mais incisivo, Orazio Francesco Piazza diz que o escatológico "é um valor que torna transparente o presente, que o torna significativo em relação ao futuro".[197] O futuro de Deus é o novo irrompido na história, neste mundo. É um evento da esperança e na esperança, pois esse novo, esse futuro, implica num posicionamento ativo para a fé cristã. O presente se torna aberto e significativo quando respira os novos ares do Reino de Deus, sendo contradição e transformação.

Podemos aplicar eclesiologicamente este enunciado escatológico nas palavras do papa Francisco:

> Saiamos, saiamos para oferecer a todos a vida de Jesus Cristo! Repito aqui, para toda a Igreja, aquilo que muitas vezes disse aos sacerdotes e aos leigos de Buenos Aires: prefiro uma Igreja acidentada, ferida e enlameada por ter saído pelas estradas, a uma Igreja enferma pelo fechamento e a comodidade de se agarrar às próprias seguranças. Não quero uma Igreja preocupada com ser o centro, e que acaba presa num emaranhado de obsessões e procedimentos. Se alguma coisa nos deve santamente inquietar e preocupar a nossa consciência é que haja tantos irmãos nossos que vivem sem a força, a luz e a consolação da amizade com Jesus Cristo, sem uma comunidade de fé que os acolha, sem um horizonte de sentido e de vida. Mais do que o temor de falhar, espero que nos mova o medo de nos encerrarmos nas estruturas que nos dão uma falsa proteção, nas normas que nos transformam em juízes implacáveis, nos hábitos em que nos sentimos tranquilos, enquanto lá fora há uma multidão faminta e Jesus repete-nos sem cessar: "Dai-lhes vós mesmos de comer" (Mc 6,37) (EG n. 49).

---

não abrir mão dela, mas deve perpassar a existência cristã neste mundo, como propulsora de esperança. A fé cristã é uma comunicação que gera vida. Trazemos ainda outras indicações sobre a temática da escatologia performativa: MOLTMANN, J., Teologia da esperança, p. 29-53; MOLTMANN, J., No fim, o início; MOLTMANN, J., A vinda de Deus. Estas três obras, particularmente, fundamentam este capítulo direta e indiretamente. KUZMA, C., O futuro de Deus na missão da esperança, p. 52-78; ANCONA, G., Escatologia cristã, p. 209-211; PIAZZA, O. F., A esperança, p. 65-71 e p. 139-154 e a aplicação da escatologia como valoração das relações humanas nas p. 155-164. A escatologia performativa pelo viés do estudo da parusia em: BRUSTOLIN, L., Quando Cristo vem, p. 53-81 e a aplicação desse estudo da parusia na práxis cristã nas p. 116-163. BLANK, R., Escatologia do mundo, p. 113-158.

196. PIAZZA, O. F., A esperança, p. 65-66.

197. PIAZZA, O. F., A esperança, p. 143.

A Igreja vive a sua nota escatológica não com os pés nas nuvens, mas na poeira e na lama da existência, a começar por aquela despedaçada em sua dignidade. É a Igreja que, assim como a Trindade, traz, suporta e ressignifica as marcas da paixão de Cristo. Deus não é falsa segurança em sua apatia, mas ousadia do amor. A Igreja que o papa Francisco quer e faz avançar é aquela que se move em atenção ao futuro de Deus que a tudo e a todos alcançou no amor. Segundo Moltmann: "o cristianismo é total e visceralmente escatologia, e não só como apêndice; ele é perspectiva, e tendência para frente, e, por isso mesmo, *renovação, e transformação do presente*".[198] Portanto, trata-se de uma esperança ativa, que luta pela justiça contra a injustiça, pela vida contra as estruturas de morte, pela humanidade contra as desumanizações. Compreender Deus como Trindade requer um paradigma novo, que é o da abertura fundamental. Por ser Trindade, Deus é aberto, suas relações estão abertas à criação. Esta é igualmente aberta, não é um eterno devir, mas tensionada ao futuro, o futuro de Deus.

A abertura ao mundo é característica primordial do cristianismo. Nesta abertura, a fé cristã testemunha a Trindade como abertura ao mundo, de tal modo que este interpela a Trindade, a faz mover em amor, e amor padecente e justificador. Testemunha que a salvação é igualmente universal e integral como experiência de transfiguração em curso na história e que, apesar dos sinais de morte presentes, de fechamento ao outro e ao mundo que globalmente estamos vivenciando,[199] o futuro irrompido caminha para a sua plena realização, pois "pela *habitação do Espírito*, seja no coração, na comunidade, ou na nova criação, Deus se torna cada vez mais familiar no seu próprio mundo".[200] Para Francisco,

> enquanto no mundo, especialmente nalguns países, se reacendem várias formas de guerras e conflitos, nós, cristãos, insistimos na proposta de reconhecer o outro, de curar as feridas, de construir pontes, de estreitar laços e de nos ajudarmos "a carregar as cargas uns dos outros" (Gl 6,2) (EG n. 67).

Reconhecer, curar, construir e estreitar são ações que indicam a significativa existência no mundo como uma experiência da esperança. Estas ações, intimamente conectadas, apontam para o dado escatológico da revelação da Trindade. No envio e entrega do Filho, o Pai é revelado como Pai do Filho e nele, o Pai dos irmãos do Filho. Este evento se dá no Espírito. O Filho entregue corresponde à

---

198. MOLTMANN, J., Teologia da esperança, p. 30.

199. Sugerimos a leitura da entrevista de Roger Haight ao IHU On-line. Nesta entrevista ele aborda a intolerância como marca da atual sociedade e aponta para o esforço de mútuo aprendizado, que em seu entender, é um passo além da tolerância. HAIGHT, R., O longo caminho em busca do Outro.

200. MOLTMANN, J., Trindade e Reino de Deus, p. 135.

entrega do Pai. Os amaldiçoados e abandonados são alcançados e acolhidos no abandono do Filho pelo Pai. O amor padecente do Pai encontra eco no abandono do Filho, e ali a correspondência de toda a sua criação. Na exaltação do Filho, o Espírito Santo é infundido na carne como vivificador e justificador, cuja missão é a glorificação do Pai, fazendo irromper o reino da glória.

Um dado fundamental nesta compreensão escatológica da Trindade, em Moltmann, é que a salvação é, também, uma realidade na própria Trindade. Não é a salvação entendida como carência ou imperfeição de ser da Trindade, mas entendida no sentido de sua glorificação, que tem na Pessoa do Espírito Santo sua ação. No seio dela, o Espírito Santo opera escatologicamente

> na glorificação de Jesus como Senhor e da *glorificação* do Pai por meio dele (Fl 2,10-11). Na medida em que o Espírito Santo renova os homens, aciona a nova comunidade solidária e liberta o corpo da morte, ele glorifica o Senhor ressuscitado e por ele o Pai. Essa glorificação do Pai pelo Filho, no Espírito, é a perfeição da criação. Em eterno júbilo – "a ele toda honra e glória pelos séculos dos séculos" (Ap 1,6) – ela exprime a sua felicidade completa. Isso é a *festa eterna* do céu e da terra com Deus, que torna a sua alegria perfeita. O Espírito Santo glorifica a Jesus, o Filho, e, por Ele, o Pai. Ele o faz por intermédio dos homens e das coisas que ele assume, transforma e transfigura. Os homens e as coisas, assim, são recebidos no seio da glória intratrinitária do Filho e do Pai, por obra do Espírito. Com isso, eles também são unificados com Deus e em Deus.[201]

Neste ponto, Moltmann reflete sobre a Pessoa do Espírito Santo. Ele é o glorificador, desde toda a eternidade, do Filho e do Pai.[202] Nosso autor compreende esta ação na revelação trinitária do evento pascal de Cristo. Neste evento, o Espírito Santo glorifica Jesus como Senhor e o Pai nesta glorificação de Jesus. Mas não o faz sem a criação, que é obra do amor de Deus cuja intencionalidade e fundamento é a encarnação do Filho. Damos enfoque à prioridade de ações, na citação acima: *renova*, pois informa o amor gratuito de Deus no coração da humanidade; *aciona* este ser humano renovado como comunidade solidária, chamada a trabalhar pela

---

201. MOLTMANN, J., Trindade e Reino de Deus, p. 135-136.

202. MOLTMANN, J., O Espírito da vida, p. 22-25. Aqui o nosso autor trata da problemática da personalidade do Espírito Santo, como uma introdução. Entende que a personalidade da Terceira Pessoa da Trindade se compreende nas relações intratrinitárias e, de suas ações, deve-se manter a transcendentalidade da experiência. Aponta, igualmente, as tentativas nas teologias protestante e católica de refletir sobre a personalidade do Espírito Santo, em Berkhof e Mühlen, respectivamente; e nesta obra citada, propõe "desenvolver uma pneumatologia trinitária a partir da experiência da teologia do Espírito Santo", p. 25. O Estudo sistemático da personalidade do Espírito Santo está no capítulo XII da obra citada nesta nota, nas p. 250-286.

transformação da realidade de morte para realidade de vida; e *liberta* o homem, a mulher e o mundo das correntes da morte, sendo Espírito da ressurreição. Este ser humano renovado, acionado comunitariamente em esperança e liberto é a glória de Deus. Mas esta ação está orientada escatologicamente, pois "é precisamente o prólogo de uma vida nova".[203] A criação, a partir do seu sofrimento transformado em louvor, retroage, pelo Espírito Santo, como glorificação do Filho e do Pai por meio desta.

O cântico dos redimidos é a alegria eterna de Deus, que se move em aflição para a sua libertação. A aflição divina é entendida como um assumir a dor para transformá-la em glória, e esta, em louvor da criação. Deus assume sua criação padecente para transformá-la. É no *amplo espaço vital do Espírito Santo*[204] que compreendemos o amor de Deus pela vida de sua criação e a "sua ira contra todas as forças que pretendem destruí-las".[205] Esta ação, como citado antes, já acontece no seio da Trindade por obra do Espírito Santo, e escatologicamente no seio da criação por obra no mesmo Espírito.

O enunciado escatológico da Trindade é uma experiência aberta de comunhão. Nela encontra espaço a atuação do Espírito Santo, que "é expansão e união, é diversidade e comunhão, numa palavra, é amor que revela os outros e se revela pelos outros".[206] Uma comunhão entre iguais, que se abre à comunhão com os desiguais, o ser humano e a criação. Uma comunhão de vida que tem o amor como o que há de comum entre iguais e desiguais, amor que une e diferencia sempre em liberdade. A comunhão futura com Deus não será uma confusão indiferenciada, mas uma abertura para relações mútuas, vivas e transbordantes.[207] Nas palavras de Moltmann:

> O Deus uno e trino, na unidade do Pai, do Filho e do Espírito Santo, é Ele próprio uma comunidade aberta e acolhedora, na qual a criação inteira encontra espaço: "para que eles também estejam *em nós*", reza o Jesus joaneu (Jo 17,21). A comunhão do Espírito Santo "com todos vós" (2Cor

---

203. MOLTMANN, J., O Espírito da vida, p. 147.

204. MOLTMANN, J., O Espírito da vida, p. 19-21. Nestas páginas introdutórias, e que dão o tom desta obra, Moltmann reclama uma pneumatologia que abarque a ação do Espírito Santo desde a criação, que trate da "unidade das obras de Deus na criação, redenção e santificação" (p. 20). Ver também: DeV n. 10-14. Nestes números são abordadas a personalidade do Espírito Santo e a sua atuação pessoal nas obras de Deus.

205. MOLTMANN, J., O Espírito da Vida, p. 172.

206. BOFF, L., A Trindade e a sociedade, p. 317.

207. MOLTMANN, O Espírito da Vida, p. 207-249. Aqui, o autor fundamenta a comunhão trinitária na experiência do Espírito como interpelação à pessoa, à comunidade e à sociedade ao rompimento das dinâmicas de enclausuramento para a dinâmica da abertura fundamental ao outro, a Deus e ao mundo.

13,13) corresponde à sua comunidade com o Pai e o Filho. Não é apenas uma ligação exterior da natureza com o ser divino, mas procede da riqueza interior de comunicação das relações do Deus uno e trino, que a abre para os homens, da mesma maneira como acolhe nela estes homens e todas as demais criaturas a fim de que encontrem a vida eterna. Segue-se daí que a "comunhão do Espírito Santo" deve ser compreendida como *comunhão pessoal* trinitária, e não como uma *comunhão essencial* unitária.[208]

A comunhão para a qual somos admitidos e que aponta escatologicamente para a glorificação de toda a criação e, nela, da Trindade, é uma comunhão que é Deus mesmo. Não se trata de mera ligação exterior, mas é o próprio dom de Deus. É ele próprio o dom. Este é o *Weiter Raum*, é o *lugar espaçoso* da graça que nos alcança desde já, nos movendo em esperança na glorificação escatológica de toda criação, enquanto atuamos pela transfiguração deste mundo. Nesta comunhão o cristão é chamado a estabelecer laços fraternos com a sociedade, laços significativos de fraternidade empenhada na libertação de toda e qualquer estrutura de indignidade e morte.

A unidade da Trindade, que consiste na união das Pessoas divinas,[209] na recíproca comunhão de amor que une e diferencia, encontra aqui seu sentido escatológico. O Deus cristão, uma vez mais, não é compreendido num monoteísmo geral e indiferenciado, que restaria por aplicar noções metafísicas de impassibilidade e indiferença a Deus. Moltmann afirma:

> A unidade do Pai, do Filho e do Espírito Santo apresenta-se então como a questão escatológica da consumação da história trinitária de Deus. A unidade das três pessoas dessa história, consequentemente, deve ser entendida como uma *unidade comunicativa*, e como uma *unidade aberta, invitativa [sic] e integradora*. Não é possível imaginar a *homogeneidade* da substância divina como sendo comunicativa e aberta ao outro, pois nesse caso deixaria de ser homogênea.[210]

---

208. MOLTMANN, J., O Espírito da vida, p. 208.

209. Esta compreensão da unidade da Trindade recebeu críticas de Greshake, que levanta a suspeita de uma certa concepção triística da pessoa na teologia trinitária de Moltmann (GRESHAKE, G., El Dios uno y trino, p. 210-213). O contraponto à crítica de Greshake (BOFF, L., Trindade e sociedade, p. 188-190): Leonardo Boff entende positivamente essa contribuição de Moltmann, no sentido da afirmação que "Deus é uma Comunidade de Pessoas e não simplesmente o Uno" (p. 189). Esta imagem favorece a desconstrução da imagem do Reino de Deus como um domínio de senhor sobre os seus vassalos, e desconstrução das correlações dessa dominação nas diversas organizações sociais da humanidade. A sistemática própria acerca da unidade de Deus em sua comunhão, que entendemos acompanhar Moltmann (p. 193-239).

210. MOLTMANN, J., Trindade e Reino de Deus, p. 160.

Unidade aberta, convidativa e integradora são as características fundamentais da afirmação do Deus cristão como amor. É nesta afirmação que se encontra o futuro de Deus na glorificação da criação. Deus é amor criador, que se abre ao criar, recolhendo-se; que completa a sua *kênosis* na cruz de Cristo e que tudo renova a partir da ressurreição de seu Filho, de onde o Espírito Santo, espírito vivificador e justificador, desce e habita o coração do ser humano, chamando-o à vida. A inabitação da Trindade na criação é o dado escatológico desta mesma criação, que vive em Deus.[211] A comunhão que se abre e convida a criação para dela tomar parte de modo recíproco é a mesma comunhão de amor que é Deus mesmo, porque "o Deus uno e trino ama o mundo exatamente com o mesmo amor que é Ele mesmo".[212] Não há uma diferenciação anuladora entre o *Deus em si* e o *Deus para nós*: um segue o outro. É o mesmo Deus que ama, que convida e que se abre para que todo ser criado viva, porque é amor desde toda a eternidade.

Como vimos, o enunciado escatológico da revelação da Trindade é a sua inabitação inaugurada e futura na criação, a partir do homem e da mulher. Esta inabitação se caracteriza por relações vivas de comunhão no amor. Não obstante, a vida continua como um peregrinar, entre sombras e luzes, na esperança. É obra do Espírito Santo conduzir tudo para a glória de Deus. Nele a criação que geme e o humano que clama transformarão seu gemido e clamor em louvor, pois está em processo a destruição das estruturas do mal. Por isso, a vida cristã é radicalmente comprometida com a vida, a começar pela vulnerável.

Apontamos, a seguir, para a concretização dessa comunhão convidativa de amor na vida do ser humano, vítima e agente do mal. Ambos são seus prisioneiros, e destinatários operativos da justiça e da misericórdia como modo novo de coexistir. Na perspectiva do amor trinitário que a tudo transforma, são chamados a uma nova postura de vida, onde as vítimas exercem um valioso papel de romper o círculo da inimizade e como medida justificadora de Deus.

3.2. Vítimas e agentes do mal na perspectiva escatológica da comunhão amorosa e justificadora da Trindade

O enunciado escatológico da Trindade como sua inabitação no coração dos fiéis, que ao mesmo tempo é universal, abre os homens e mulheres, a comunidade e a sociedade ao futuro de Deus. Trata-se, para o ser humano alcançado pela graça

---

211. MOLTMANN, J., Vida, esperança e justiça, p. 97-101. Neste tópico, sobre a escatologia trinitária, Moltmann destaca o tensionamento para o futuro no conceito inabitação da Trindade no ser humano, análogo à experiência do êxodo.

212. MOLTMANN, J., Trindade e Reino de Deus, p. 162.

justificadora, de um colocar-se a caminho, enquanto se espera a realização plena da justificação e glorificação de toda a criação. E este caminho se faz na perspectiva do amor, como participação na comunhão da Trindade aberta ao mundo.

O mandamento divino começa com o amor. A comunidade cristã, em sua experiência com Cristo, aprendeu uma síntese fundamental, que deita raízes no Antigo Testamento e avança para uma nova perspectiva: amar a Deus sobre todas as coisas e ao próximo como a si mesmo (Mc 12,30-31), este último em seu sentido mais profundo, nas palavras de Cristo segundo o quarto evangelho: "amai-vos uns aos outros, como eu vos amo" (Jo 15,12).

O amor cristão é fundamentalmente dirigido a todos, especialmente aos inimigos: "Amai os vossos inimigos" (Mt 5,44), conforme podemos observar no grande sermão da montanha. Deste mesmo sermão, dirigido por Jesus aos seus discípulos, tiramos a justificativa para esse mandamento do amor voltado aos inimigos, pois lá diz Jesus que Deus "faz nascer o sol tanto sobre os maus como sobre os bons, e faz chover sobre os justos e sobre os injustos" (Mt 5,45). Esse amor só é possível quando se parte do amor de Deus, o sol da justiça que garante o direito às vítimas e justifica o agente do mal. Mais. O amor aos inimigos, uma nota específica do amor cristão ao mundo, traz consigo uma reserva escatológica da reunião de *todos* em Deus e de Deus em *todos*, como se pode intuir nas experiências de comensalidade de Jesus com todos, pecadores odiados e perseguidos, e os autojustificados.[213] Nestas experiências, todo dano causado pelos agentes do mal é sanado às suas vítimas e uma vida nova se inaugura para ambos (Lc 19,1-10).

Como vimos, a justiça cristã se opõe à lógica do olho por olho, dente por dente. Amar os inimigos é o grande desafio. A justiça cristã é criativa, aberta ao futuro.[214] No dizer de Carlos Mendonza-Álvarez: "Desconstruir a rivalidade é o

---

213. Mendonza-Álvarez traz uma excelente reflexão, a partir da teologia pós-moderna, sobre o papel das vítimas no desmantelamento do círculo da violência, apontando o dado escatológico do amor como normativa da história (MENDONZA-ÁLVAREZ, C., *Deus ineffabilis*, p. 377-385).

214. No Painel do dia 21 de setembro – previsto na programação do Seminário Internacional de Teologia promovido pela Faculdade Unida de Vitória –, com o tema: Vida, Justiça e Esperança, Moltmann apresentou, aqui de modo sucinto, duas formas de justiça oriundas das sagradas escrituras, o sol da justiça e a balança da justiça. A primeira, que vem da tradição babilônica, refere-se à imagem do sol da justiça. Quando esse sol vem, a criação se alegra (Sl 69). O sol da justiça, quando se mostra, transforma a natureza, transforma as relações. É uma justiça criadora, criativa e redentora: isso é o sol da justiça. A segunda forma, de origem egípcia, refere-se à imagem da balança do deus Anúbis. Na balança de Anúbis são colocadas as ações boas, de um lado da balança, e as más, de outro. Lamentavelmente essa concepção de justiça foi absorvida pela Igreja. O deus Anúbis foi transformado no Arcanjo Miguel. Essa ideia de justiça é uma justiça revanchista. O bem pago com o bem, o mal, com o mal. Não há nada de cristão na balança da justiça; a justiça de Deus é justificante e redentora. A justiça de Deus não é revanchista, mas criativa e redentora. Este painel pode ser acessado no canal do *youtube* do Seminário (SEMINÁRIO INTERNACIONAL DE TEOLOGIA, Painel 3: vida, esperança e justiça). O desenvolvimento dessa temática está em MOLTMANN, J., *Ética da esperança*, p. 206-222.

desafio histórico das vítimas e de seus sobreviventes nesta hora incerta para a humanidade presa na espiral da violência e do ódio".[215]

Perguntando-se sobre a possibilidade do amor aos inimigos, Moltmann atenta para o fato de que a simples retribuição do mal com o mal, a vingança, ainda que traga a sensação de restituição da autoestima ferida por quem perpetrou a ofensa, traz consigo o vazio; tampouco aceitar e tolerar passivamente o mal produzido pela ação dos outros é capaz de curar a ferida aberta. Aponta, então, para uma terceira via, que é a da "transformação da inimizade em amor ao inimigo".[216] Ele reflete sobre a perícope de Mt 5,44-45, que já citamos. Aponta três passos para a superação da inimizade pelo "poder transformador da vida",[217] que aqui se configura como amor aos inimigos.

O primeiro consiste em "não permitir que o inimigo imponha a inimizade, mas libertar-se a si mesmo dessa imposição sempre iminente",[218] e, com isso, não partir para a lógica da reciprocidade; o segundo, o reconhecimento do outro, e não a sua demonização, pois "ele possui a mesma dignidade humana e os mesmos direitos humanos que eu reivindico para mim";[219] e o terceiro passo, ir aos fundamentos da agressão, "porque as agressões se originam, na maioria das vezes, de ofensas sofridas".[220] É a configuração da compaixão e busca comum de cura. Em suma, a razão do amor ao inimigo, no dizer de Moltmann:

> O amor ao inimigo não é uma ética da convicção, como, segundo Max Weber, muitos assim chamados políticos realistas [*Realpolitiker*] parecem supor. O amor ao inimigo é uma ética da responsabilidade realista. Ela exige assumir responsabilidade não apenas pela própria vida e pela vida dos seus, mas também pela vida dos inimigos e pela vida dos deles, assim como o sol brilha sobre maus e bons e oferece a vida a todos.[221]

Este dado refletido por Moltmann traz uma luz na ruptura com a espiral do mal vigente na sociedade, pautada no revanchismo e no fechamento ao outro, que é preconcebido como inimigo, como oponente. Vide as posturas segregacionistas da atual política de imigração dos Estados Unidos sob o governo de

---

215. MENDONZA-ÁLVAREZ, C., *Deus ineffabilis*, p. 383.
216. MOLTMANN, J., *Ética da esperança*, p. 238.
217. MOLTMANN, J., *Ética da esperança*, p. 238.
218. MOLTMANN, J., *Ética da esperança*, p. 239.
219. MOLTMANN, J., *Ética da esperança*, p. 239.
220. MOLTMANN, J., *Ética da esperança*, p. 239.
221. MOLTMANN, J., *Ética da esperança*, p. 240.

Donald Trump e um exacerbado protecionismo cultural europeu, que nada mais faz além de sepultar o que há de humanização e dignidade como valores até então hasteados pelos países que o compõem. De fato, amar os inimigos é fruto de um empenho racional, de uma firme decisão de atuar pelo bem, pela concórdia, pela compaixão e pela solidariedade. Para o cristão é uma decidida opção por entrar na lógica da comunhão escatológica do amor de Deus. Mas de que modo opera a comunhão trinitária para a superação da inimizade pela via do amor?

No desenvolvimento deste subcapítulo identificamos as vítimas e os agentes do mal como aprisionados pelo mal sofrido e infligido, e apontamos para a compreensão de Moltmann da cruz e ressurreição como estabelecimento da justiça para ambos.[222] Verificamos, então, a ação justificadora da Trindade no coração da humanidade, dividida pelas forças do mal entre vítimas e agentes. O Deus revelado no evento pascal de Cristo não pode ser reconhecido como indiferente a quem sofre, e igualmente não pode ser reconhecido como o aniquilador dos humanos perversos, ainda que vivam imersos nas trevas da maldade. O Deus amoroso é libertador.[223]

Um primeiro dado sobre o que Moltmann reflete é que o mal aprisiona tanto a vítima quanto os culpados das ações más. Ambos não podem viver na liberdade, se essas amarras não forem desfeitas. E mais, esse aprisionamento, se não for desfeito, levaria inevitavelmente à aniquilação de um pelo outro. Nesta mesma linha, apontando a ruptura com a lógica da violência, Kasper avança:

> Mas à pergunta "onde iríamos parar se renunciássemos à violência e apostássemos no perdão?", pode-se responder com esta outra: "onde iríamos parar se não existisse perdão e absolvição, se saíssemos de cada injustiça de que somos vítimas com uma nova injustiça – olho por olho, dente por dente? Depois das terríveis experiências de abominação do século XX, o problema do perdão e do amor aos inimigos ganhou uma nova atualidade

---

222. A temática do Crucificado ressuscitado foi trabalhada no capítulo precedente, nesta nossa pesquisa, que retomamos aqui como síntese e memória para o desenvolvimento desta ação transformadora do evento pascal de Cristo nas vítimas e nos agentes do mal.

223. MOLTMANN, J., No fim, o início, p. 71. O sugestivo título do capítulo onze dessa obra já dá o tom da reflexão de Moltmann sobre a justificação cristã: livrai-nos do mal, ao invés de perdoai a nossa culpa. Nesse capítulo, nosso autor tece crítica à doutrina medieval da reconciliação e seu desdobramento em Trento, bem como a sua compreensão luterana. Segundo Moltmann, essas doutrinas levam em conta apenas a culpa do agente do mal, referente à lei ou ao preceito transgredidos, não levando em conta as vítimas e muito menos a condição de futuro que a justificação que Deus realiza em ambos. Não entraremos aqui nesta questão, pois daria um tratado, certamente. Mas trazemos a contribuição de uma perspectiva nova de justificação que Moltmann resgata da teologia paulina, fundamentando na cruz e ressurreição de Cristo a justiça de Deus para as vítimas e os agentes do mal, resgatando aí a sua condição de futuro na vida nova inaugurada neste tempo escatológico.

e levou, nalguns círculos, à reorientação absolutamente necessária do pensamento.[224]

Esta novidade da justiça que se enraíza na morte e ressurreição de Jesus, que tem por imagem o sol da justiça de Deus que brilha sobre todos, bons e maus, não significa esquecimento do mal praticado e silenciamento das vítimas. Mas é o contrário. O mal é uma realidade aprisionadora e desumanizadora, na qual definha-se o coração humano a ponto de se desesperar e de se tornar tão insensível, que a sua capacidade de amar se extingue. Assim Moltmann afirma: "se as vítimas não forem libertadas do mal, também os culpados não o serão. De ambos os lados deve acontecer a justiça: deve ser feita justiça às vítimas – os culpados devem ser levados à justiça".[225] O não esquecimento das vítimas é fundamental para a restituição da justiça, se não se quer cair no reducionismo de uma teologia expiatória.[226] A libertação do mal não se efetiva pela lógica da reciprocidade do mal com o mal, mas na opção por agir segundo Deus, que faz brilhar o sol da justiça para todos. A memória do Cristo vítima junto às memórias de todas as vítimas são os parâmetros da justiça divina.

Na escuridão do mal dois clamores são levantados: o das vítimas, que clamam pela justiça de Deus e o dos culpados, que clamam pela não existência de Deus e de Sua justiça.[227] As estruturas do mal falam mesmo desta ausência sentida, da parte das vítimas, e querida, da parte dos culpados. Mas haverá vida neste círculo de morte? Ambos os lados são expropriados de seu futuro e de sua paz. É nesta realidade de sofrimento que abarca cada homem e cada mulher que a revelação de Deus como amor deve arcar com todas as consequências de solidariedade e de libertação. Falar de um Deus apático e impassível é um insulto às dignidades humana e divina. Insistir numa existência cristã apática e sem comprometimento com os vulneráveis e com os culpados é um desvio da própria missão cristã, ou uma profissão de desespero do falso entendimento de que o governo deste mundo está nas mãos do destino e do acaso.

---

224. KASPER, W., A misericórdia, p. 175-176. Indicamos a leitura completa desse tópico, pois segue e complementa essa perspectiva da justiça divina para vítimas e agente do mal que abordamos nessa parte de nossa pesquisa, nas p. 172-176.

225. MOLTMANN, J., No fim, o início, p.71.

226. Fazemos referência ao simples perdoar a culpa do algoz como reconciliação apenas de sua consciência perante o mal que fez, mas sem levar em conta a reconciliação necessária a ser feita com a sua vítima. Esta lógica está presente nas teologias expiatórias como hermenêutica da salvação realizada na cruz e ressurreição de Cristo. A sistemática deste tema pode ser encontrada em: KESSLER, H., Cristologia, p. 374-382.

227. MOLTMANN, J., No fim, o início, p.76.

A grande questão que se levanta para a fé cristã é pela justiça da história em que nos encontramos envolvidos. Se forem o acaso e o destino que governam a história, então não poderá existir justiça. Mas não é assim que a fé cristã entende a história, marcada pela virtude da esperança que move a mesma na direção do futuro de Deus. É o que Bento XVI afirma na *Spe salvi*, sintetizando um comentário de São Gregório Nazianzeno sobre a visita dos Reis Magos ao Menino Jesus, invertendo a concepção da astrologia de que são os elementos cósmicos que governam o destino dos homens e mulheres:

> Não são os elementos do cosmo, as leis da matéria que, no fim das contas, governam o mundo e o homem, mas é um Deus pessoal que governa as estrelas, ou seja, o universo; as leis da matéria e da evolução não são a última instância, mas razão, vontade, amor: uma Pessoa. E se conhecemos esta Pessoa e Ela nos conhece, então verdadeiramente o poder inexorável dos elementos materiais deixa de ser a última instância; deixamos de ser escravos do universo e das suas leis, então somos livres. Tal consciência impeliu na antiguidade os ânimos sinceros a indagar. O céu não está vazio. A vida não é um simples produto das leis e da casualidade da matéria, mas em tudo e, contemporaneamente, acima de tudo há uma vontade pessoal, há um Espírito que em Jesus Se revelou como Amor (SS n. 5).

Nas palavras de Moltmann, no domínio do acaso e do destino "as vítimas estão desgraçadamente entregues aos seus sofrimentos e os agentes do mal são abandonados a si próprios com sua culpa".[228] Na compreensão cristã da história, quem a governa é a Trindade em seu amor justificador e criador da nova vida inaugurada e por se estabelecer definitivamente em toda a criação. Então há justiça para esse mundo. E se há justiça, há esperança.

De que modo Deus faz justiça? "Deus, como juiz, faz justiça às vítimas e, do lado dos agentes, restabelece a justiça. (...). Em meio a este mundo injusto e perverso, começa o Reino de Deus e a sua justiça, um mundo justo, que corresponde a Deus".[229] São duas as direções da justiça de Deus, na perspectiva do seu reino.

Em primeiro lugar, conforme o testemunho bíblico, Deus é solidário e se identifica com os indefesos. "Segundo o testemunho da *bíblia*, Deus sente afeto pelo ser humano, sofre conosco e alegra-se e entristece-se por nós e conosco".[230] Ele não apenas faz justiça, como sofre a injustiça junto às vítimas, como podemos

---

228. MOLTMANN, J., No fim, o início, p. 80.
229. MOLTMANN, J., No fim, o início, p. 81.
230. KASPER, W., A misericórdia, p. 151.

aferir no discurso escatológico de Mt 25, segundo relata Moltmann: "Quando se faz justiça aos que não têm direito, então junto a eles começa a revelar-se a justiça de Deus neste mundo. Se o Deus justo está presente junto a eles, com eles se inicia o julgamento de Deus sobre este mundo".[231] Jesus Cristo é a presença de Deus junto ao povo e o irromper do reino messiânico neste mundo. Assim se pode ler os relatos das curas não como um gesto mágico, mas para indicar que este mundo adoecido encontra salvação e vida com a presença de Deus.[232] O tempo messiânico chegou e é reconhecido no gesto de Jesus tomar refeição com pecadores e publicanos, restabelecendo a comunhão perdida entre autojustificados e humilhados, pois "Jesus é portador do Reino de Deus e de sua justiça para o submundo dos rebaixados e humilhados, abrindo as portas das suas prisões interiores de autodesprezo".[233]

É na paixão de Jesus pelas vítimas do mal que se revela a solidariedade de Deus para nós, os abandonados:

> Na vida de Jesus é possível identificar uma clara tendência para baixo. É a tendência do amor de doação (...). Jesus considerava significativo o que era desamparado, e como querido por Deus tudo o que fosse excluído pelo mundo (...). Aos que a sociedade negou qualquer futuro, ele anunciou o futuro do reino dos céus: "os últimos não serão desprezados", mas "os últimos serão os primeiros".[234]

A sociedade em que vivemos é marcada pela estrutura da iniquidade. A sociedade de consumo relega para a categoria dos *sem valor* milhões de pessoas, pois vivem em condições de miséria extrema. A natureza já demonstra claros sinais de esgotamento, por causa da existência humana insustentável. Um Deus solidário que desce a esses humilhados, levando-os a respirar ares de dignidade e justiça, torna-se com eles também vítima. Estes últimos são os que verdadeiramente importam. É isto que revela o caminho da cruz de Cristo que outra coisa não é, senão uma "dedicação sem medida aos abandonados até às últimas consequências".[235]

Ainda mais incisiva é a seguinte afirmação de Moltmann:

> mediante a sua paixão [de Jesus Cristo], traz o amor de Deus para aqueles que são humilhados e esvaziados como Ele próprio. Sua cruz está entre

---

231. MOLTMANN, J., No fim, o início, p. 83.
232. MOLTMANN, J., No fim, o início, p. 84.
233. MOLTMANN, J., No fim, o início, p. 88.
234. MOLTMANN, J., No fim, o início, p. 89.
235. MOLTMANN, J., No fim, o início, p. 89-90.

as inúmeras cruzes que costuram o caminho sangrento dos detentores e agentes da violência da história humana, de Spartacus aos campos de concentração e morte da ditadura alemã de Hitler, dos "desaparecidos" das ditaduras militares latino-americanas, aos aniquilados do Arquipélago Gulag do império soviético.[236]

E continuamos com esta lista sangrenta, apontando o sistema prisional brasileiro, a Síria e os muros erguidos Europa a fora – onde deveriam existir pontes – que em nome de sua intocável cultura, sepultam a dignidade e o futuro dos migrantes da violência em nome de Deus. O sofrimento de Jesus é inclusivo, Sua cruz é a sua solidariedade com as vítimas de todos os tempos e de todas as situações de violência. De modo ainda mais profundo, são as vítimas, e não as leis e os preceitos, que julgarão o mundo e que já o julgaram naquele que se fez abandonado e morreu em solidariedade aos abandonados e mortos pela violência.

Se do lado das vítimas a morte de Cristo na cruz se traduz em solidariedade, para os agentes do mal ela se traduz em "cristologia vicária".[237] *Este é o segundo ponto da reflexão de Moltmann sobre o alcance da cruz de Cristo*, agora voltado para aqueles que praticam o mal. O ponto de partida para a compreensão deste alcance é a sua ressurreição. É a reconciliação que só pode ser alcançada como dom do Ressuscitado, como obra de Deus que estabelece um novo início de vida. No dizer de Moltmann:

> Tomemos a imagem da dor de Deus. O sofrimento de Deus é importante para ambos, tanto para as vítimas como para os servos do pecado: reconhecê-lo é para as vítimas um alívio para a tortura da memória, e para os servos do pecado é libertação da violência de suas repressões. Também Deus não pode fazer com que algo não tenha ocorrido, mas pode soltar as cadeias que prendem o presente ao passado, abrindo as perspectivas de um novo futuro.[238]

É neste sentido de futuro que a teologia da expiação do pecado como hermenêutica da cruz de Cristo perde sua sustentação. A cruz não deve ser compreendida sem a ressurreição. E a ressurreição encontra seu sentido escatológico neste sofrimento e morte de cruz pela humanidade. Trata-se de uma ação voltada para o futuro da criação, que não nega o tempo presente, mas realiza nele o irromper do Reino que transforma a memória de dor em canto de libertação. O sofrimento vicário de Cristo por nós e para a nossa justificação traz "o próprio

---

236. MOLTMANN, J., No fim, o início, p. 90.
237. MOLTMANN, J., No fim, o início, p. 92.
238. MOLTMANN, J., No fim, o início, p. 94.

Deus para dentro dos abismos do abandono, para assim ressuscitar esses perversos para um novo início".[239] Mais ainda, somente levando em conta a ressurreição de Cristo que a teologia avança na afirmação de que ela "abre às vítimas e aos agentes do mal o novo mundo da vida eterna".[240] Deus mais que se identifica com os abandonados, assume-os e os justifica, assim como justifica os maus.

Segundo Moltmann, a força da ressureição destrói as cadeias do mal, pois dela irrompe a graça superabundante. "Esse valor excedente da graça opera na libertação das cadeias que prendem vítimas e agentes ao passado, em vista da vida nova e comunitária, nas forças da justiça de Deus".[241]

No caminho de reconciliação entre vítima e culpado se insere uma memória igualmente justificada, em que o passado não mais condiciona o presente sem, no entanto, ser esquecido. A recordação do passado, por força da reconciliação realizada na cruz e ressurreição de Cristo, abre o presente para um outro futuro, um futuro de justiça.[242]

Para ilustrar essa reflexão, trazemos parte do discurso do papa Francisco proferido na Polônia, por ocasião da celebração da 31ª Jornada Mundial da Juventude, onde ele exalta a construção da memória do povo polaco, não como condicionante do presente, mas como uma memória grávida de futuro:

> na vida diária de cada indivíduo e também de cada sociedade, há dois tipos de memória: a boa e a má, a positiva e a negativa. A memória boa é aquela que a Bíblia nos mostra no Magnificat, o cântico de Maria, que louva o Senhor e a sua obra de salvação. Ao contrário, a memória negativa é aquela que mantém o olhar da mente e do coração obsessivamente fixo no mal, a começar pelo mal cometido pelos outros. Vendo a vossa história recente, agradeço a Deus porque soubestes fazer prevalecer a memória boa, celebrando, por exemplo, os cinquenta anos do perdão, mutuamente oferecido e recebido, entre os episcopados polaco e alemão, depois da II Guerra Mundial. Apesar de a iniciativa envolver inicialmente apenas as comunidades eclesiais, todavia desencadeou um processo social, político, cultural e religioso irreversível, mudando a história das relações entre os dois povos. E, na mesma linha, recordamos também a Declaração Conjunta entre a Igreja Católica da Polônia e a Igreja Ortodoxa de Moscou:

---

239. MOLTMANN, J., No fim, o início, p. 95.
240. MOLTMANN, J., No fim, o início, p. 96.
241. MOLTMANN, J., No fim, o início, p. 97.
242. MOLTMANN, J., Dio nel progetto del mondo moderno, p. 183.

um ato que deu início a um processo de aproximação e fraternidade não apenas entre as duas Igrejas, mas também entre os dois povos. Assim a nobre nação polaca mostra como se pode fazer crescer a memória boa e deixar para trás a má. Para isso, requer-se uma esperança e confiança firmes n'Aquele que guia os destinos dos povos, abre portas fechadas, transforma as dificuldades em oportunidades e cria novos cenários onde parecia impossível. Disto mesmo dão testemunho as vicissitudes históricas da Polônia: depois das tempestades e das trevas, o vosso povo, restabelecido na sua dignidade, pôde cantar, como os judeus no regresso de Babilônia: "Parecia-nos viver um sonho. A nossa boca encheu-se de sorrisos e a nossa língua de canções" (Sl 126/125,1-2).[243]

Fazer memória sem se deixar condicionar pelo passado recordado é um dado fundamental do agir em esperança. É esse agir escatológico das vítimas que pode promover uma nova construção do "perdão no seio de uma história violenta",[244] por meio de uma memória, construída por elas mesmas, integrada na memória histórica da humanidade. O mundo caminha sempre na dupla via do esquecimento das barbáries, e consequente recaída nelas, e recordação delas com as promessas de nunca mais voltar a manchar a história com fatos atrozes. Hoje[245] gritam pela ditadura militar no Brasil e pela volta do movimento nazista reverberado em vários cantos do mundo. Estamos em plena era do suicídio coletivo, pelo programa nuclear vigente.[246] As desolações das guerras parecem ter sido removidas da memória dos povos. A memória da ditadura parece não ter sido suficientemente transmitida às novas gerações brasileiras, que vociferam pela volta dos militares ao poder. Só a memória reconciliada pode promover a paz, e pode sustentar a esperança em seu mover o mundo e a história rumo ao futuro de Deus.[247]

---

243. FRANCISCO, Discurso do Santo Padre no encontro com as autoridades, a sociedade civil e o corpo diplomático.

244. MENDONZA-ÁLVAREZ, C., *Deus ineffabilis*, p. 385.

245. Em várias manifestações populares no Brasil ocorridas em 2016, o grito contra a corrupção foi na verdade uma expressão de ódio, trazendo à memória o horror da ditadura militar brasileira, no desejo de seu nefasto retorno. Diversas expressões de ódio se radicalizam mundo afora, pela xenofobia e desprezo contra os imigrantes das guerras em busca de paz. Este é o retrato do tempo atual a que nos referimos. Como referência a esse tempo de expressões de ódio, trazemos um artigo publicado no IHU On-line sobre a herança de ódio que a atual sociedade tem passado para as novas gerações (SANSON, C., Manifestações, ódio e golpe).

246. MOLTMANN, J., *Ética da esperança*, p. 61-62.

247. O conceito de futuro de Deus, conforme entendido neste trabalho, pode ser aprofundado em: KUZMA, C., *O futuro de Deus na missão da esperança*, p. 33-51.

Na América Latina, a Teologia da Libertação se empenhou e se empenha em fazer teologia a partir dos pobres e com os pobres e esquecidos. E não somente, mas, com e a partir de todas as categorias humilhadas e relegadas a segundo plano. É um fazer teologia a partir das vítimas, que clamam justiça, na memória do crucificado ressuscitado.

3.3. A esperança não decepciona, porque é amor

Moltmann propôs a esperança como protagonista da teologia, uma esperança que se fundamenta no futuro de Deus, no Deus da esperança. Em seu prefácio à terceira edição de sua grande obra, *Teologia da esperança*, Moltmann reconhece que sua pesquisa passou a ter vida própria, efetuando, "no engajamento prático de muitos cristãos em países distintos, uma guinada para o futuro".[248] Tomemos por exemplo as teologias feminista, política e da libertação. Afirma ainda que esta obra o levou a "trabalhar intensivamente na formulação de um conceito trinitário de Deus, cujo cerne é o sofrimento e a paixão do Cristo crucificado".[249] Mas não por último.[250]

A esperança é essa virtude que nos move para frente, seja como o despertar de algo mais da transcendência, seja como o confrontar-se com a *menos vida* provocada pelas estruturas do mal. "É uma força positiva que nos faz caminhar rumo a um horizonte, onde apenas a alegria de estar a caminho já é, de certa forma, uma experiência transformadora".[251] Se perguntarmos pelo fundamento desta esperança, no âmbito da fé, não há outro senão Cristo, "que traz à humanidade a face amorosa de Deus que vem e nos oferece sua salvação, convidando-nos à morada eterna, à plenitude",[252] que irrompe como transfiguração deste mundo. Segundo Renold Blank, "o grande sinal de toda prática cristã é a sua esperança.

---

248. MOLTMANN, J., Teologia da esperança, p. 27.

249. MOLTMANN, J., Teologia da esperança, p. 28.

250. MOLTMANN, J., O Deus crucificado, p. 17-22. Nestas páginas introdutórias, Moltmann narra os motivos de escrever sobre a cruz de Cristo, depois de escrever sobre a esperança que brota do Ressuscitado. Não é um retrocesso, mas já indicava que esta temática sempre fez parte do cerne de suas buscas e pesquisas teológicas. A doutrina trinitária de Moltmann foi desenvolvida depois da Teologia da esperança, mas podemos afirmar que esta compreensão trinitária fundamenta seu conceito cristão de esperança. Por isso, este subcapítulo encerra a pesquisa tratando da esperança e do amor que a fundamenta. Amor que foi demonstrado ao longo de toda nossa pesquisa como padecente, libertador e convidativo, segundo entendimento de Moltmann.

251. KUZMA, C., O futuro de Deus na missão da esperança, p. 57.

252. KUZMA, C., O futuro de Deus na missão da esperança, p. 58.

Essa esperança tem sua base na prática de Jesus e tira sua força do fato de Deus ter ressuscitado esse Jesus".[253]

É este irromper da salvação neste mundo, entendido como convite à plenitude, como um caminhar em direção ao futuro de Deus que veio até nós, que fundamenta o agir cristão no mundo, como agir escatológico, pois "a importância das tarefas terrenas não é diminuída pela esperança escatológica, mas que esta antes reforça com novos motivos a sua execução" (GS n. 21). A esperança que brota da ressureição de Cristo é virtude, é força que move na alegria em meio a dor. Não é resignação ou fuga do mundo, mas pelo contrário, é a palavra profética de Deus em meio à morte e às estruturas de morte. É a motivação da ação de transformação, mesmo em momentos de terríveis trevas da incerteza, da tentação de voltar atrás.

Do que estudamos sobre o amor de Deus, este que a partir da sua mais íntima relação de amor se envolve solidariamente com a história do seu outro, o ser humano e a criação, encontramos a força da esperança cristã. Deus se revela entregando-se aos homens e mulheres em correspondência ao seu ser Trindade Amor. A pergunta sobre a possibilidade de Deus frente à realidade do mal no palco das discussões da teodiceia e antropodiceia é deslocada e torna-se mera teorização quando se confronta a realidade do amor padecente e solidário de Deus, que é fiel, presente neste mundo enredado pelo mal. É o que afirma Kasper:

> A *Bíblia* não conhece o problema moderno da teodiceia e da antropodiceia. Ela não parte de um postulado, mas sim da experiência originária de Israel, que foi igualmente a experiência dos primeiros cristãos, a saber, a fidelidade de Deus em situações difíceis e humanamente sem saída, experimentada de forma reiterada ao longo da história.[254]

Entendemos, portanto, que o agir cristão neste mundo como agir de esperança depende da imagem de Deus que se tem presente. Em cada imagem de Deus se fundamenta a esperança ou o desespero. Em cada imagem de Deus se fundamenta o agir do fiel como transformação ou resignação. Em se tratando da fé cristã, apenas quando esta se aproxima da revelação de Deus como amor é que pode mover-se em esperança e trabalhar apaixonadamente pelo Reino de Deus, que é denúncia e anúncio, contradição e construção, pois o Deus revelado é aquele que caminha à frente e com o seu povo. Nas palavras de Andrés Queiruga, o Deus cristão está ao lado dos que sofrem e dos que lutam contra o mal: "Longe de enviar ou permitir o mal, é Aquele que, sempre ao nosso lado, nos

---

253. BLANK, R., Escatologia do mundo, p. 125.
254. KASPER, W., A misericórdia, p. 158.

acompanha na luta contra ele na história e nos assegura a esperança definitiva".[255] O Pai, *Abba*, é próximo ao ser humano em seu sofrimento, no sentido de luta contra esse mal.[256] O Filho, que está junto do Pai e desceu até nós, em solidariedade, viveu e experimentou as esperanças humanas e nessas esperanças nos apresentou a *grande esperança*.

"A esperança não decepciona, porque o amor de Deus foi derramado em nossos corações pelo Espírito Santo que nos foi dado" (Rm 5,5-6). Nesta perícope encontramos o fundamento da esperança cristã, que é o amor de Deus, revelado na cruz e ressurreição de Cristo, pois "na sua morte de cruz, cumpre-se aquele virar-se de Deus contra Si próprio, com o qual Ele Se entrega para levantar o homem e salvá-lo – o amor na sua forma mais radical" (DCE n. 12). É o amor a verdadeira imagem de Deus e do homem e deste último, a razão de ser de sua existência (DCE n.1). Neste amor se encontra o futuro de Deus, o para onde e o donde a esperança tensiona a história humana em vias de plenificação na comunhão livre e adulta com este mesmo Deus.

A compreensão cristã de Deus, como Trindade, como comunidade de amor, informa que Deus não é invisível e intocável, mas aparece visível a nós em Jesus Cristo, que em seu evento pascal nos revela a íntima, aberta e convidativa comunhão trinitária. "Ele amou-nos primeiro, e continua a ser o primeiro a amar-nos; por isso também nós podemos responder com o amor. (...) e desta 'antecipação' de Deus pode, como resposta, despontar também em nós o amor" (DCE n. 17). Esta resposta do ser humano entendemos como uma vida de esperança, pois alcançado por este amor que comunica a vida nova inaugurada no Crucificado ressuscitado, o ser humano coloca-se a caminho, como agente de transfiguração deste mundo, como amor de Deus voltado a este mundo, a partir dos abandonados, e como palavra que restitui a justiça aos degenerados pelo mal. Nas palavras de Bento XVI:

> Deus é o fundamento da esperança – não um deus qualquer, mas aquele Deus que possui um rosto humano e que nos amou até o fim: cada indivíduo e a humanidade no seu conjunto. O seu reino não é um além imaginário, colocado num futuro que nunca mais chega; o seu reino está presente onde Ele é amado e onde o seu amor nos alcança. Somente o seu amor nos dá a possibilidade de perseverar com toda sobriedade dia após dia, sem perder o ardor da esperança, num mundo que, por sua natureza, é imperfeito. (SS n. 31)

---

255. QUEIRUGA, A., Esperanza a pesar del mal, p. 45.
256. QUEIRUGA, A., Esperanza a pesar del mal, p. 118-131.

Em que consiste este rosto humano de Deus? Em que nível de identificação encontra-se o Deus revelado na história do Filho com a humanidade? Num primeiro momento, Jesus traduziu o rosto do amor e da misericórdia nos anseios primeiros das pessoas com quem se encontrou. A seguir, apontava para a grande esperança. Assume as esperanças da humanidade, e as insere na grande esperança do futuro de Deus. Em outras palavras, assume a condição humana a partir das mais profundas misérias, lá onde, a partir do Seu abandono, o Pai tornou-se Pai dos abandonados. Nesta identificação se dá a contradição a esse mundo injusto e se inaugura a justificação deste mundo, por obra do Espírito Santo, dom do Ressuscitado. É neste sentido que Moltmann entende a espera cristã pelo futuro de Cristo. A parusia de Cristo significa que esperamos o seu futuro:

> Dizendo "retorno de Cristo", o presente fica vazio e a nós resta tão somente esperar por um distante último dia do juízo. Utilizando a expressão "futuro de Cristo", dizemos: entendemos que Cristo já está vindo, e pela força da esperança nós hoje nos abrimos, com todos os nossos sentidos, para as experiências de sua vida.[257]

Com isso, entendemos que a esperança cristã, como caminho para e a partir do futuro de Cristo não apenas contradiz o mundo, mas age pela sua transformação. "A profissão de fé cristológica não nos oferece nenhuma resposta teórica acabada, mas abre-nos um caminho",[258] e este caminho é o da esperança informada pelo amor da Trindade no coração da humanidade, atuante na transformação das estruturas de morte em estruturas de vida. A esperança cristã, como bem recordada pelo n. 21 da *Gaudim et Spes*, que citamos anteriormente, não é uma fuga deste mundo. Fundamentada no amor de Deus, a esperança cristã toma por desafio próprio as injustiças, as divisões, a falta de humanidade. Tudo aquilo que impõe sofrimento e morte na humanidade é um desafio capital para a esperança cristã, que não se limita, mas alcança os desejos fundamentais do ser humano e não somente: alcança a este ser humano a grande esperança, que é obra de Deus. A esperança cristã é espera ativa. Deus não nos dá um mundo acabado, mas um mundo em transformação, de modo que a humanidade é chamada a participar ativamente desse processo de transformação.

A vida cristã em esperança, como participação na vida trinitária, é um trabalhar pelo Reino de Deus, pois o "Reino de Deus não é apenas uma questão de

---

257. MOLTMANN, J., No fim, o início, p. 113.
258. KASPER, W., A misericórdia, p. 163.

Deus, mas é também uma questão nossa".[259] Trata-se da relação de duas liberdades, a de Deus e a do ser humano, que encontra na encarnação do Verbo a sua plenitude e se desdobra em interpelação mútua de Deus e do ser humano, de tal modo que o futuro escatológico é pertinente à vida concreta das pessoas e a ação salvífica de Deus. O Reino de Deus é meta e caminho, é o futuro inaugurado.

O Reino de Deus é espera e meta, é dom e tarefa, pois este mundo é nosso e é, também, o mundo de Deus. É neste mundo que devemos procurar pelo Reino de Deus. E esta perspectiva qualifica a existência cristã como informada pela esperança. Nas palavras de Kasper:

> A nossa situação é, por assim dizer, a da noite de Páscoa. Nela, o círio pascal é introduzido como símbolo da luz de Cristo no templo que está às escuras; aí brilha então a sua luz, e nós podemos acender nele a nossa vela. Mas essa luz continua a resplandecer na obscuridade do templo. Estamos no entanto na vigília da Páscoa. A invocação "Marána thá" (1Cor 16,22), própria da liturgia eucarística paleocristã, expressa ambas as coisas: o Senhor já está aqui, embora continuemos a pedir a sua vinda definitiva.[260]

Esta bela imagem reflete bem sobre o agir em esperança do cristão como missão em qualquer contexto em que se insere.[261] A fé cristã se fundamenta na ressurreição de Jesus Cristo e lê sua história até a consequência da cruz a partir desse evento. Nas trevas da morte brilha a nova luz do ressuscitado. Nela, brilha a luz da esperança cristã fundamentada nesse amor de Deus revelado no evento pascal de Cristo. No entanto, esta luz que brilha nas trevas se estenderá para a completa dissipação da escuridão (Ap 22,5). Esta é a força ativa da esperança. A grande esperança comunica, de esperança em esperança, o amor de Deus. Amor que leva em conta o seu outro. Se por um lado a falsa afirmação da apatia de Deus em relação ao sofrimento do ser humano levou à concepção de um Deus sem o mundo, que culminou num mundo sem Deus, a indiferença dos homens e mulheres em relação ao mal e ao sofrimento dos outros e da criação os leva a viver sem esperança no mundo, e este mundo, vazio de futuro.[262] A fé cristã é esta chama acesa na luz do Crucificado ressuscitado que se estende aos mais recônditos

---

259. MOLTMANN, J., No fim, o início, p. 117.
260. KASPER, W., A misericórdia, p. 162.
261. Sobre a temática da missão da esperança, ver KUZMA, C., O futuro de Deus na missão da Esperança, p. 52-76. Dentre os contextos da missão da esperança, destacamos o latino-americano em suas novas inquietações e crises (p. 71-72).
262. MOLTMANN, J., No fim, o início, p. 120.

espaços de dor dos esquecidos pela história humana. A esperança cristã ativa a solidariedade pois se fundamenta na solidariedade de Deus que é amor fiel.

Só o amor que se *com-padece*, que destrói as forças do mal e transfigura o mundo e os homens e mulheres tem futuro. Esse amor é Deus. A Trindade se move em amor por este mundo e com este mundo, pois abre suas relações recíprocas de amor para a plena participação, nelas, das pessoas e seu mundo. O caráter convidativo desse amor é o fundamento da esperança, é a grande esperança, pois, a partir do seu futuro de comunhão, Deus desce e caminha conosco e à nossa frente, e nos abre o seu reino para dele tomarmos parte na liberdade.

A lógica do amor conduz a um olhar novo para o mundo e para a história. É o olhar da transcendência nas vias da "misericórdia e do perdão"[263] e ainda mais avante, na via da solidariedade. É a lógica que brota do crucificado, que revela o absoluto pertencer do ser humano a Deus e aos outros, que deixam de ser meros outros para se transformarem em próximos na nova relação proposta pelo ágape.

A dimensão escatológica da esperança em chave de amor leva a um descentrar do homem e da mulher, em direção a alteridade. "O amor a Cristo e, nele, o amor aos nossos irmãos, robustece o dinamismo da esperança. Ele manifesta uma presença de Deus que não abole a história, mas é contestação das injustiças e alimento de solidariedade aos últimos".[264] Essa nova relação, que parte da descentralização do ser humano de si mesmo, é a dimensão escatológica da esperança.

O aspecto relacional da esperança aponta para o evento pascal, que é o ponto chave da esperança cristã. A páscoa de Cristo é uma interpelação para a relação, para um sair de si mesmo na base da confiança radical em Deus que "não atende todos os nossos desejos, mas cumpre todas as suas promessas".[265] Na páscoa de Cristo a esperança assume o mundo e o seu fim. Não são duas histórias, a do ser humano e a da salvação, nem dois fins, um natural e um sobrenatural, mas um só futuro, o futuro de Deus.[266] É a boa notícia de Deus que motiva ação de transformação e, ao mesmo tempo, "*memoria passionis*, que põe em evidência tudo aquilo que entra em contradição com o Reino".[267]

Concluímos este tópico com as palavras do papa Francisco sobre a esperança fundada na ressurreição de Cristo:

---

263. PIAZZA, O. F., A esperança, p. 155.
264. PIAZZA, O. F., A esperança, p. 161.
265. PIAZZA, O. F., A esperança, p. 151.
266. PIAZZA, O. F., A esperança, p. 150.
267. PIAZZA, O. F., A esperança. p. 151.

> Assim é a esperança cristã: ter a certeza de que estou a caminho de algo que existe, não de algo que eu desejo que exista. Esta é a esperança cristã. A esperança cristã é a expetativa de algo que já se cumpriu e que certamente se há de realizar para cada um de nós. (...) Portanto, esperar significa aprender a viver na expetativa. Aprender a viver à espera e encontrar a vida. (...) Esperar significa e implica um coração humilde, um coração pobre. Somente o pobre sabe esperar. Quem já está repleto de si e dos seus pertences, não sabe depositar a própria confiança em nenhum outro, a não ser em si mesmo.[268]

Ser cristão não é o mesmo que ter ou não ter esperança, porque a fé cristã é visceralmente escatologia. Esperamos o que se realizou no evento pascal de Cristo, a promessa cumprida pelo Deus fidedigno. Esperamos por Ele, que é a nossa vida, o novo de Deus para a história humana. Esta história é acolhida na eterna comunhão de amor da Trindade. A esperança cristã realiza na história essa comunhão que clama pela justiça de Deus e opera para a sua realização.

Neste capítulo estudamos a escatologia do amor revelado na entrega trinitária na história humana. O que foi refletido desde o primeiro capítulo encontra aqui o impulso performativo do fazer teologia como serviço da esperança. Tratamos aqui do desdobramento do estudo do amor de Deus que se compadece em enunciado escatológico, tendo por paradigma a escatologia performativa. Aqui se tratou do olhar pastoral da escatologia estudada nessa nossa pesquisa. Entendemos que o amor de Deus é convidativo nas duas direções: de participar na comunhão trinitária e de abrir o mundo para essa comunhão, a partir de uma existência pautada pela grande esperança. É comunhão e missão.

Concluímos com o alcance do amor da Trindade que a partir do grito de abandono do Filho na cruz dá suporte a todos os clamores da humanidade. Estes podem ser expressados em sua aflição sem o silêncio aterrador da indiferença divina e a consequente indiferença humana. Mas a partir do futuro inaugurado na ressurreição do Crucificado, as causas do clamor são derrotadas, e ainda que sintamos a densa escuridão à nossa volta, já brilhou a chama do futuro de Deus. Esta chama se mantém acesa em esperança, que opera a destruição da inimizade e desponta em sua reserva escatológica como recapitulação de tudo na dinâmica do amor, desde a *kênosis* do amor aos inimigos. É neste sentido que entendemos a escatologia do amor, a reserva escatológica da esperança cristã que se traduz em amor até as últimas consequências, porque a consequência última do amor é a vida. E em Deus, vida em plenitude.

---

268. FRANCISCO, Audiência geral de 1 de fevereiro de 2017.

Conclusão

Concluímos esta nossa pesquisa com a consciência de que trata de uma temática que aponta para além dela mesma. Buscamos, ao longo das nossas leituras, delinear a escatologia de Moltmann na sua compreensão trinitária de Deus. A pergunta por Deus perpassou todos os capítulos de nossa pesquisa, como fio condutor de cada reflexão sobre este tema que trata da escatologia do amor.

A pergunta por Deus é fundamental para a teologia. É dela que se desdobram as demais em seu campo epistemológico. A compreensão de Deus que se tem determina que humano a fé cristã entende e quer, que sociedade, que mundo e que esperança para estes. E mais. No contemporâneo contexto de experiências contrastantes, de movimentos pendulares entre humanização e desumanização, tolerância e intolerância, pontes e muros, vimos que a teologia deve abrir-se ao diálogo com a sociedade a partir de uma compreensão de Deus que se envolve com este mundo e com o homem e a mulher nele inseridos, como uma palavra operativa da esperança. Uma teologia que se presta apenas a comunicar curiosidades arqueológicas a visitantes de museus não tem futuro no complexo contexto social e religioso em que vivemos.

Apontamos os resultados alcançados por nossa pesquisa. Nesses resultados, encontramos um processo em aberto, por se tratar de amor e esperança que encontram seu fundamento no futuro de Deus, que não é distante, inalcançável, ilusório, mas intimamente relacionado com o mundo e a história dos seres humanos.

Num primeiro momento, identificamos que a teologia de Moltmann deita raízes em sua experiência de Deus no Abandonado por Deus na cruz. O não Deus da Guerra encontrou correspondência no Crucificado, e dessa correspondência nasce a esperança a partir de uma imagem de Deus que se move em amor por este mundo, sofrendo em solidariedade libertadora com a sua criação. A partir de sua teologia biográfica entendemos que este mundo e esta história são o lugar onde a teologia deve dialogar como palavra e práxis da esperança, ser capaz de um agir libertador como esforço ecumênico e em diálogo com as demais áreas do conhecimento.

Ressaltamos o caráter escatológico da fé cristã, que tem a esperança como protagonista de sua sistematização e práxis. Um dado fundamental da teologia de Moltmann é a sua compreensão de que a revelação de Deus acontece a partir do seu futuro, e que a história se desenvolve a partir das promessas, cumpridas e lançadas à frente, pois toda revelação do Deus promitente e fidedigno contém um saldo de futuro.

É esse Deus quem impulsiona o homem e a mulher a existirem em esperança, lançado à frente, como contradição ao estabelecido e como participação na transformação deste mundo na perspectiva do seu reino. A questão do discurso sobre Deus ganha, a partir desta perspectiva, a sua libertação da mera formalidade conceitual para transformar-se num discurso performativo. Esta perspectiva nasce do encontro com o Crucificado ressuscitado, vivido e refletido por nosso autor nas experiências da guerra e dos campos de prisioneiros de guerra, e ganha forma na sistematização da esperança radicada na promessa que carrega consigo uma reserva escatológica. O futuro de Deus é o fundamento da esperança, cujo lugar de revelação é a ressurreição do Crucificado.

Num segundo momento descrevemos a perspectiva da encarnação deste futuro de Deus no evento da cruz de Cristo. O Deus cristão não é imóvel, impassível, incapaz de sofrer. Com estes conceitos metafísicos, Deus não pode ser testemunhado com coerência num mundo marcado por estruturas de violência e morte, pois seria um Deus indiferente, o oposto ao Deus bíblico que sente desde as entranhas pela sua criação. O fundamento da revelação de Deus como amor que se entrega, sofre e liberta nasce do testemunho bíblico do evento pascal de Cristo, de um modo particular. É Cristo, o Filho, quem revela a Trindade na história de sua entrega pelo Pai e, no Espírito, abre as relações amorosas trinitárias ao mundo e, nessa revelação, o cristianismo se compreende como esperança, como um existir escatológico missionário, no sentido de identificação com os vulneráveis, entendido como protagonismo compartilhado para a sua libertação. O Deus Amor compassível desperta, promove e sustenta a esperança.

Acolhendo as consequências da revelação de Deus na cruz e ressureição de Jesus Cristo, a teologia cristã põe de lado qualquer oposição entre Deus e Deus mesmo, pois o Deus revelado é o que Ele é desde toda a eternidade. Portanto, cada gesto, cada movimento de Deus para fora encontra a sua correspondência para dentro e não somente: mundo e Deus dialogam, o mundo tem algo também a dizer a Deus e em Deus. A formalidade da relação entre criador e criatura ganha a dimensão de comunhão no amor, que é sustentada pela Trindade. Igualmente corrige um monoteísmo geral na teologia trinitária – que se manifesta na maioria das vezes num modalismo latente – a partir da hermenêutica trinitária da história do envio, entrega e exaltação do Filho em seu evento pascal.

O Deus apaixonado entregue na cruz sofre Ele mesmo o absurdo do não Deus no abandono e na morte, para ser o Deus dos abandonados relegados ao não Deus das estruturas do mal neste mundo. O seu sofrimento não significa carência de ser, mas o confirma na superabundância do seu ser que é amor, que se traduz em misericórdia e solidariedade.

O Filho erguido no abandono da cruz e lançado no inferno da morte revela o alcance da acolhida de Deus para o seu outro abandonado, ao mesmo tempo em que sua humanidade resgata o ser humano de sua desumanidade. O grito do Filho na cruz ecoa como um brado de justiça para este mundo no clamor dos abandonados aflitos pela sua libertação. Nesta história não há outra identificação de Deus, senão que Deus é amor. Este seu ser amor é um duplo movimento desde o seu íntimo para a sua criação, que vive nele, e da sua criação à sua mais íntima comunhão no amor. A gratuidade desse mover amoroso de Deus afasta qualquer necessidade para a economia, pois Deus é amor desde toda a eternidade, amor que transforma e cria.

Neste sentido, compreendemos que o *pathos* divino, entendido trinitariamente, tem uma tensão para o futuro. O Crucificado foi ressuscitado. E desde a fé na ressurreição, toda a vida de Jesus Cristo até a cruz ganha significado salvífico e vicário, conosco, para nós e por nós. É o sim de Deus que confirma os gestos de Cristo. É o sim vital de Deus para os mortos. É o sim de Deus do qual nasce a esperança, porque é o seu sim a partir do futuro do seu amor que padece para libertar, para glorificar, para o louvor. A ressurreição lança luz à cruz e esta é a dimensão da ressurreição. O Crucificado é o Ressuscitado. É a luz da ressurreição que dá o significado do amor convidativo da Trindade a cada opção, ação e palavra, e à cruz como consequência dessas.

Há ainda um outro dado. Esta compreensão trinitária de Deus leva a ressignificar o seu discurso, passando da mera especulação para um discurso relacional e performativo, pois a formalidade do conhecimento se amplia à viva relação na história das entregas deste Deus e no acolhimento do mundo por Deus a partir dessas entregas. É um conhecimento que nasce do futuro de Deus *experimentado nas contradições* de fechamento e circularidade das estruturas do mal e do sofrimento vividas pelos agentes da esperança pessoalmente e por solidariedade, e *testemunhado na perseverança* por estes agentes à humanidade. Aqui se compreende o sofrimento de Deus por este mundo e a participação do ser humano no sofrimento divino por este mundo.

Por fim, apontamos o dado performativo da escatologia do amor, refletindo sobre o enunciado escatológico da revelação entrega da Trindade e o agir escatológico do ser humano na dinâmica desse amor.

Vimos que o enunciado escatológico da Trindade é a sua inabitação na criação. E essa inabitação, inaugurada pela ressurreição do Crucificado, está em curso por obra do Espírito Santo. Este dado escatológico contradiz qualquer configuração da existência cristã como um círculo fechado, pois a escatologia do amor se compreende a partir da condição de abertura fundamental deste mesmo amor, que se faz presente no Abandonado pelos e com os abandonados, na ressurreição desse Crucificado como sim da justiça libertadora de Deus e no futuro da plena comunhão livre pela inabitação da Trindade na sua criação.

Da afirmação que Deus é Trindade no amor convidativo e integrador nasce a convicção de que mundo e Deus não se justapõem e, com ela, o entendimento de que a fé cristã se vive com os pés neste chão, mas em marcha, para frente, para as realidades que ainda não figuram nesse mundo, mas que já aconteceram para nós, como saber da esperança. Esse saber da esperança, fundamentado no amor de Deus, é compartilhado com as esperanças dos homens e mulheres, abre os seus horizontes para o futuro de Deus, numa perseverante ação de constituição de relações pautadas pela lógica do amor, que se manifesta pelas atitudes de compaixão, misericórdia, solidariedade e fraternidade.

Sendo o Deus cristão compreendido no evento pascal de Cristo como Trindade, que não é indiferente ao sofrimento do ser humano e que liberta do círculo do mal as vítimas e os seus algozes, não poderia figurar o contrário a práxis e a sistematização da fé cristã. O Deus cristão, libertador no amor, cria homem e mulher libertados e libertadores neste amor, como sua imagem e semelhança. Esta libertação promove a justiça para as vítimas, pois o Cristo foi vitimado, o Pai sofreu este sofrimento do Filho no Espírito, tornando-se Pai dos abandonados. Sua ressurreição em chaves trinitárias faz de sua morte um evento para nós, justificando os algozes para uma nova vida. A reconciliação promovida pela lógica do amor que vai às consequências do amor ao inimigo figura como a comunhão escatológica de todos e tudo em Deus. A convivência social para a práxis cristã passa pelas vias da solidariedade e da reconciliação, capazes de promover a justiça e a paz. Este é o saldo de futuro do ser cristão neste mundo, que toma para si as realidades de vida de todos, a começar pelos vulneráveis, na dinâmica da solidariedade libertadora, reconciliadora e transformadora.

O amor é, então, o dado escatológico da compreensão cristã de Deus como Trindade e da existência do mundo como obra, destino e convite da parte de Deus para a comunhão plena nesse amor. O amor é o específico da esperança cristã, conforme desenvolvido na totalidade de nossa pesquisa.

Apontamos para o fato que a compreensão de Deus como Trindade no evento pascal de Cristo em Moltmann está subjacente à sua compreensão de esperança. Isto se verificou no desenvolvimento de sua reflexão sobre a esperança que se fundamenta na história das promessas realizadas, mas que contém um saldo de futuro, que postulou o Deus promitente e fidedigno. A plena revelação desse Deus promitente e fidedigno, que deita raízes desde o Antigo Testamento, se deu no evento pascal de Cristo, de onde conhecemos a Trindade, o Deus que padece com e por sua criação.

Neste sentido, a Trindade revelada no evento pascal de Cristo é o fundamento da esperança, da grande esperança, pois neste evento o futuro de Deus chegou até nós e para ele caminhamos na contramão das contradições deste mundo, em solidariedade com os que caem pelo caminho.

A esperança cristã é esta força vital da fé, que não se traduz em resignação ou fuga do mundo, porque o Deus que fundamenta essa esperança não é indiferente ao drama da existência humana. O mundo dos seres humanos e seus dramas também são os da Trindade, que os assume com a sua promessa de glorificação futura. Estas compreensões de esperança e de Deus, resultantes de nossas leituras, encontram seu fundamento no amor que é a Trindade.

A vida cristã, então, é participação na vida trinitária e no seu envolvimento amoroso com este mundo, como um existir em esperança. Compreende-se como liberdade filial e fraterna no transformar as realidades presentes na lógica do Reino de Deus, que é o reino de liberdades que se correspondem no amor, e do amor que conta com os amados para a libertação integral de toda a criação. Só esse amor liberta, porque sofre em aflição até que todas as estruturas do mal estejam destruídas, e tal destruição seja anunciada no canto dos libertos, pela correspondência eterna na comunhão da Trindade que neles habita como realidade futura, mas já inaugurada, motivo pelo qual podemos caminhar.

Referências bibliográficas

AMADO, J. *Deus e a história*: o contributo da teologia trinitária de Jürgen Moltmann para a compreensão e para a vivência do dogma trinitário a partir da experiência eclesial latino-americana hodierna. Rio de Janeiro, 1987. Dissertação. Faculdade de Teologia, Pontifícia Universidade Católica do Rio de Janeiro. Disponível em: <https://goo.gl/KAzY6J>. Acesso em: 27 jan 2017.

ALMEIDA, E. *O drama pascal na cristologia de J. Moltmann e as representações contemporâneas do sofrimento e da morte*. Rio de Janeiro, 2002. Tese. Faculdade de Teologia, Pontifícia Universidade Católica do Rio de Janeiro. Disponível em: <https://goo.gl/YSjiLH>. Acesso em: 27 jan 2017.

ANCONA, G. *Escatologia cristã*. São Paulo: Loyola, 2013.

BENTO XVI. *Deus caritas est*. Disponível em: <https://goo.gl/GbIFno>. Acesso em: 26 jan 2017.

BENTO XVI. *Spe Salvi*: sobre a esperança cristã. São Paulo: Loyola; Paulus, 2007.

BINGEMER, M. C; FELLER, V. *Deus Trindade*: a vida no coração do mundo. São Paulo: Paulinas; Valência: Siquem, 2009.

BINGEMER, M. C. *O mistério e o mundo*: paixão por Deus em tempos de descrença. Rio de Janeiro: Rocco, 2013.

BINGEMER, M. C. *Um rosto para Deus?* São Paulo: Paulus, 2005.

BLANK, R. *Escatologia do mundo*: o projeto cósmico de Deus. São Paulo: Paulus, 2001.

BOFF, L. *A Trindade e a sociedade*. Petrópolis: Vozes, 2014.

BRUSTOLIN, L. *Quando Cristo vem*: a parusia na escatologia cristã. São Paulo: Paulus, 2001.

CASTILLO, J. M. *Jesus: a humanização de Deus*: ensaio de cristologia. Petrópolis: Vozes, 2015.

CASTILLO, J. M. *Los pobres y la teología*: ¿qué queda de la teología de la liberación?. Bilbao: Descleé de Brouwer, 1998.

CONCÍLIO VATICANO II. *Dei verbum*. Disponível em: <https://goo.gl/WG9Qmc>. Acesso em: 26 jan 2017.

CONCÍLIO VATICANO II. *Gaudium et spes*. Disponível em: <https://goo.gl/39ZVJC>. Acesso em: 26 jan 2017.

DÍAZ, J. A. ¿Qué decimos cuando hablamos de Dios?: la fe en una cultura escéptica. Madrid: Trotta, 2015.

DUE, W. *O guia trinitário para a escatologia*. São Paulo: Loyola, 2007.

DUSSEL, E. *El dualismo en la antropología de la cristiandad*. Buenos Aires: Guadalupe, 1974.

FRANCISCO. *Audiência geral de 1 de fevereiro de 2017*. Disponível em: <https://goo.gl/KsQ68G>. Acesso em: 4 fev 2017.

FRANCISCO. *Discurso do santo padre ao parlamento europeu*: Estrasburgo, França, 25 de novembro de 2014. Disponível em: <https://goo.gl/WEnHmR>. Acesso em: 25 jan 2017.

FRANCISCO. *Discurso do Santo Padre no encontro com as autoridades, a sociedade civil e o corpo diplomático*: Jornada Mundial da Juventude na Polônia, 2016. Disponível em: <https://goo.gl/3ooSVt>. Acesso em: 16 jan 2017.

FRANCISCO. *Evangelii gaudium*. Brasília: CNBB, 2013.

FORTE, B. *A Trindade como história*: ensaio sobre o Deus cristão. São Paulo: Paulinas, 1991.

GRESHAKE, G. *El Dios uno y trino*: una teología de la Trinidad. Barcelona: Herder, 2001.

GRESHAKE, G. *Por que o amor de Deus nos deixa sofrer?* Aparecida: Santuário, 2010.

HAIGHT, R. O longo caminho em busca do Outro. *IHU On-Line*, São Leopoldo, 16 ago 2015. Disponível em: <https://goo.gl/97sXqU>. Acesso em: 4 nov 2016. Entrevista.

IHU ON-LINE. *Mais de 300 mil refugiados e migrantes cruzaram o Mediterrâneo em 2016*. Disponível em: <https://goo.gl/3YNsaQ>. Acesso em: 25 jan 2017.

JOÃO PAULO II. *Dominum et vivificantem*. São Paulo: Paulinas, 2000.

KASPER, W. *A misericórdia*: condição fundamental do Evangelho e chave da existência cristã. São Paulo: Loyola, 2015.

KESSLERM, H. Cristologia. In: SCHNEIDER, T. (org.). *Manual de dogmática*. V. 1. Petrópolis: Vozes, 2000, p. 219-400.

KUZMA, C. A. A ação de Deus e sua realização na plenitude humana: uma abordagem escatológica na perspectiva de Jürgen Moltmann. In: SANCHES, M. A.; KUZMA, C. A.; MIRANDA, M. *Age Deus no mundo?*: múltiplas perspectivas teológicas. Rio de Janeiro: PUC-Rio; Reflexão, 2012, p. 225-248.

KUZMA, C. A. *O futuro de Deus na missão da esperança*: uma aproximação escatológica. São Paulo: Paulinas, 2014.

LADARIA, L. F. *O Deus vivo e verdadeiro*: o mistério da Trindade. São Paulo: Loyola, 2005.

LEITE, F. *Da apatia à compaixão*. Porto Alegre, 2008. Dissertação. Faculdade de Teologia, Pontifícia Universidade Católica do Rio Grande do Sul. Disponível em: <https://goo.gl/J9YpOe>. Acesso em: 12 set 2016.

LIBÂNIO, J. B. *Teologia da revelação a partir da modernidade*. São Paulo: Loyola, 2014.

MENDONZA-ÁLVAREZ, C. *Deus ineffabilis*: uma teologia pós-moderna da revelação do fim dos tempos. São Paulo: É Realizações, 2016.

METZ, J. B. *Memoria passionais*: una evocación provocadora en una sociedad pluralista. Milano: Sal Terrae, 2007.

MOLTMANN, J. (ed.). *Biografia e Teologia*: itinerari di teologi. Brescia: Queriniana, 1998.

MOLTMANN, J. *A alegria de ser livre*. São Paulo: Paulinas, 1974.

MOLTMANN, J. *Dio nel progetto del mondo moderno*: contributi per una rilevanza pubblica della teologia. Brescia: Queriniana, 1999.

MOLTMANN, J. *Ética da esperança*. Petrópolis: Vozes, 2012.

MOLTMANN, J. Jürgen Moltmann. In: MOLTMANN, J. (ed). *Biografia e Teologia*: itinerari di teologi. Brescia: Queriniana, 1998, p. 20-28.

MOLTMANN, J. *No fim, o início*: breve tratado sobre a esperança. São Paulo: Loyola, 2007.

MOLTMANN, J. *O Deus crucificado*: a cruz de Cristo como base e crítica da teologia cristã. Santo André: Academia Cristã, 2014.

MOLTMANN, J. *O Espírito da vida*: uma pneumatologia integral. Petrópolis: Vozes, 2010.

MOLTMANN, J. *Teologia da esperança*: ensaios sobre os fundamentos e as consequências de uma escatologia cristã. São Paulo: Loyola, 2005.

MOLTMANN, J. *Trindade e Reino de Deus*: uma contribuição para a teologia. Petrópolis: Vozes, 2011.

MOLTMANN, J. *Vida, esperança e justiça*: um testamento teológico para a América Latina. São Bernardo do Campo: Editeo, 2008.

PAULY, W. (org.). *História da teologia cristã*. São Paulo: Loyola, 2012.

PAULY, W. Teologias do século XX. In: PAULY, W. (org.). *História da teologia cristã*. São Paulo: Loyola, 2012, p. 227-266.

PENTIN, E. Entrevista com Cardeal Raymond Burke. *IHU On-line*, São Leopoldo, 17 nov 2016. Disponível em: <https://goo.gl/cD6utD>. Acesso em: 10 jan 2017.

PIAZZA, O. F. *A esperança*: lógica do impossível. São Paulo: Paulinas, 2004.

QUEIRUGA, A. T. *A revelação de Deus na realização humana*. São Paulo: Paulus, 1995.

QUEIRUGA, A. T. *Esperanza a pesar del mal*: la resurrección como horizonte. Milano: Sal Terrae, 2005.

RAHNER, K. *Curso fundamental da fé*. São Paulo: Paulus, 1989.

RATZINGER, J. *Introdução ao cristianismo*: preleções sobre o Símbolo Apostólico. São Paulo: Loyola, 2006.

SANSON, C. *Manifestações, ódio e golpe*. Disponível em: <https://goo.gl/7VGqdy>. Acesso em: 3 jan 2017.

SATTLER, D; SCHNEIDER, T. Doutrina sobre Deus. In: SCHNEIDER, T. (org.). *Manual de dogmática*. V. 1. Petrópolis: Vozes, 2000, p. 53-113.

SCHAPER, V. G. Apresentação. In: SOBRINO, J. *Onde está Deus?*: terremoto, terrorismo, barbárie e utopia. São Leopoldo: Sinodal, 2007, p. 7-11.

SCHILLEBBECKX, E. *História humana*: revelação de Deus. São Paulo: Paulus, 1994.

SCHILLEBBECKX, E. *Jesus, a história de um vivente*. São Paulo: Paulus, 2008.

SCHNEIDER, T. (org.). *Manual de dogmática*. V. 1. Petrópolis: Vozes, 2000.

SEMINÁRIO INTERNACIONAL DE TEOLOGIA, 2016. *Painel 3*: vida, esperança e justiça. Faculdade Unida, 2016. Disponível em: <https://goo.gl/fMEZZB>. Acesso em: 16 jan 2017.

SOBRINO, J. *Fora dos pobres não há salvação*: pequenos ensaios utópico-proféticos. São Paulo: Paulinas, 2008.

SOBRINO, J. *Onde está Deus?*: terremoto, terrorismo, barbárie e utopia. São Leopoldo: Sinodal, 2007.

SÖLLE, D. *Dorothee Sölle*. In: MOLTMANN, J. (ed.). *Biografia e Teologia*: itinerari di teologi. Brescia: Queriniana, 1998, p. 29-35.

Série Teologia PUC-Rio

- *Rute: uma heroína e mulher forte*
Alessandra Serra Viegas

- *Por uma teologia ficcional: a reescritura bíblica de José Saramago*
Marcio Cappelli Aló Lopes

- *O Novo Êxodo de Isaías em Romanos – Estudo exegético e teológico*
Samuel Brandão de Oliveira

- *A escatologia do amor – A esperança na compreensão trinitária de Deus em Jürgen Moltmann*
Rogério Guimarães de A. Cunha

- *O valor antropológico da Direção Espiritual*
Cristiano Holtz Peixoto

- *Mística Cristã e literatura fantástica em C. S. Lewis*
Marcio Simão de Vasconcellos

- *A cristologia existencial de Karl Rahner e de Teresa de Calcutá – Dois místicos do século sem Deus*
Douglas Alves Fontes

- *O sacramento-assembleia – Teologia mistagógica da comunidade celebrante*
Gustavo Correa Cola

- *Crise do sacerdócio e escatologia no séc. V a.C. – A partir da leitura de Ml 2,1-9 e 17–3,5*
Fabio da Silveira Siqueira

- *A formação de discípulos missionários – O kerigma à luz da cruz de Antonio Pagani*
Sueli da Cruz Pereira

- *O uso paulino da expressão μὴ γένοιτο em Gálatas – Estudo comparativo, retórico e intertextual*
Marcelo Ferreira Miguel

- *A mistagogia cristã à luz da Constituição Sacrosanctum Concilium*
Vitor Gino Finelon

- *O diálogo inter-religioso para uma ecologia integral à luz da Laudato Si'*
Chrystiano Gomes Ferraz

- *A glória de Jesus e sua contribuição para a formação da cristologia lucana*
Leonardo dos Santos Silveira

Ministério sacerdotal: a responsabilidade ética na arte de servir

Por Roberto Noriega, OSA

O que é dever do padre em seu trabalho ministerial? Justamente por não ser uma profissão, a prática do ministério presbiteral é constantemente envolta por dilemas acerca das responsabilidades dos padres. Isso os leva a posturas extremas: se muitas vezes se anulam como pessoas, vivendo exclusivamente para o ministério, outras vezes burocratizam o trabalho, colocando-se numa postura demasiadamente hierárquica que os afasta das pessoas.

"Uma das preocupações da Igreja tem sido sempre a preparação de seus presbíteros, consciente que disso dependem muitos aspectos da transmissão e vivência da fé de seus fiéis. Essa dimensão formativa adquiriu aspectos bem particulares. No mundo de hoje, mais do que nunca, existe a necessidade de ministros qualificados e competentes", indica o autor Roberto Noriega, OSA, já na apresentação do livro.

Esta é a ideia de base dessa obra que aponta, em primeiro lugar, a peculiaridade da vocação ao ministério ordenado que, observada a partir da Escritura e da Patrística, adquire conteúdos teológicos dos quais derivam atitudes éticas fundamentais. Uma vez colocados os alicerces, na segunda parte se iluminam várias dimensões da vida e ministério do presbítero.

Para tanto, são tratados em perspectiva deontológica alguns aspectos de sua tríplice missão: o governo, que gera relações pastorais que exigem atenção e cuidado a partir do ponto de vista do uso do poder e da autoridade, a administração dos bens econômicos e o cuidado dos mais pobres, e a integridade afetivo-sexual; o ensino, que se centra na Palavra de Deus, aplicada comunitariamente pelos meios de comunicação e difusão e pessoalmente no acompanhamento; e a santificação, por meio dos sacramentos no âmbito celebrativo, privilegiando a atenção aos enfermos.

A orientação final sugere a elaboração de um código ético próprio como instrumento válido para a reflexão e o crescimento moral. Desse modo se aperfeiçoa a inquietude puramente espiritual nesta "arte de servir" aos demais, na Igreja e para o mundo.

O autor

Roberto Noriega, OSA, é doutor em Teologia, especialidade em Moral, pelo Instituto Superior de Ciências Morais (Universidade Pontifícia de Comillas), e mestre em Bioética. É professor nos centros agostinianos Etav (Estudo Teológico Agostiniano de Valladolid) e CTSA (Centro Teológico San Agustín), onde tem lecionado Ética e Deontologia Sacerdotal. Em conjunto com sua atuação acadêmica traz sua experiência no campo formativo, no qual esteve durante doze anos, e o trabalho pastoral paroquial em Portugal, Brasil e atualmente na Espanha.

Conecte-se conosco:

facebook.com/editoravozes

@editoravozes

@editora_vozes

youtube.com/editoravozes

+55 24 2233-9033

www.vozes.com.br

Conheça nossas lojas:
www.livrariavozes.com.br

Belo Horizonte – Brasília – Campinas – Cuiabá – Curitiba
Fortaleza – Juiz de Fora – Petrópolis – Recife – São Paulo

EDITORA VOZES

VOZES NOBILIS

Vozes de Bolso

Vozes Acadêmica

EDITORA VOZES LTDA.
Rua Frei Luís, 100 – Centro – Cep 25689-900 – Petrópolis, RJ
Tel.: (24) 2233-9000 – E-mail: vendas@vozes.com.br